C·H·Beck
PAPERBACK

Selbsternannte «Experten» präsentieren gefälschte «Dokumente» und pseudowissenschaftliche «Gutachten», die angeblich «beweisen», dass in Auschwitz alles «ganz anders» oder doch «halb so schlimm» gewesen sei. Neonazis und den sogenannten Revisionisten ist bei ihrer Geschichtsfälschung nahezu jedes Mittel recht. Viele Menschen lassen sich dadurch verunsichern und fragen sich insgeheim sogar, ob der Massenmord an den europäischen Juden tatsächlich stattgefunden hat. Dieses Buch will als ein Heilmittel wirken. Es stellt alle wichtigen Fakten über das Vernichtungslager zusammen und informiert über die Hintermänner und Hintergründe der «Auschwitz-Lüge».

Till Bastian, Dr. med., geboren 1949, ist als Arzt an einer psychosomatischen Fachklinik im Allgäu tätig. Als ausgewiesener Kenner der Geschichte des Holocaust hat er mehrere Bücher über die Zeit des Nationalsozialismus veröffentlicht. Bei C.H.Beck sind von ihm lieferbar: *Furchtbare Ärzte. Medizinische Verbrechen im 3. Reich* (3. Aufl. 2001) und *Sinti und Roma im 3. Reich. Geschichte einer Verfolgung* (2001).

Till Bastian

AUSCHWITZ UND DIE «AUSCHWITZ-LÜGE»

Massenmord, Geschichtsfälschung und die deutsche Identität

C.H.Beck

1. Auflage 1993
2. Auflage 1994
3. Auflage 1994
4. Auflage 1995
5. Auflage 1997

Originalausgabe
6., überarbeitete und aktualisierte Auflage. 2016

Satz, Druck und Bindung: Druckerei C.H.Beck, Nördlingen
Umschlagabbildung: Lagertor von Auschwitz-Birkenau,
Auschwitzmuseum Oświęcim
Umschlaggestaltung: Kunst oder Reklame, München
Printed in Germany
ISBN 978 3 406 68799 0

www.chbeck.de

Inhaltsverzeichnis

«Wer aber vor der Vergangenheit die Augen verschließt, wird blind für die Gegenwart.»

Bundespräsident Richard von Weizsäcker, 1985

«Es gibt keine deutsche Identität ohne Auschwitz.»

Bundespräsident Joachim Gauck, 2015

«Aber die KZs sind ja leider derzeit außer Betrieb.»

Akif Pirinçci beim Jahrestag der Pegida-Demonstrationen in Dresden am 19. Oktober 2015

Gewidmet Helmut Morlok,
dem unermüdlichen Mahner

Erster Teil

DAS VERNICHTUNGSLAGER AUSCHWITZ-BIRKENAU

1. Vorgeschichte und Geschichte des nationalsozialistischen Massenmordes

An der antisemitischen Einstellung des sich nach einem mächtigen «Großdeutschland» sehnenden Österreichers Adolf Hitler konnte niemals auch nur der geringste Zweifel bestehen. Und ebenso offensichtlich ist stets gewesen, dass es sich bei dieser Einstellung nicht bloß um eine private Meinung handelte, sondern um ein auf das aktive Handeln einer «Bewegung» abzielendes politisches Programm. Schon am 16. September 1919 schrieb Hitler in einem Brief über seinen «Antisemitismus der Vernunft»: «Letztes Ziel muß aber unverrückbar die Entfernung der Juden überhaupt sein.»[1] Und in seinem fünf Jahre später, 1924, geschriebenen Buch «Mein Kampf»[2] wetterte er in äußerst brutalem Ton gegen die «hebräischen Volksverderber». Den Weltkrieg, dessen für Deutschland fatales Ergebnis in Hitlers Augen dringlich der Korrektur bedurfte – nötigenfalls auch mit Gewalt! –, hätte man gewinnen können, wenn schon zur richtigen Zeit genügend «jüdische Schurken» aus dem Weg geräumt worden wären. Sogar das Stichwort «Giftgas» fällt in diesem Zusammenhang! «Zwölftausend Schurken zur rechten Zeit beseitigt, hätten vielleicht einer Million ordentlicher, für die Zukunft wertvoller Deutscher das Leben gerettet.»[3]

So konnte es für die Zeitgenossen auch kaum überraschend sein, dass das am 24. Februar 1920 im Festsaal des Münchner Hofbräuhauses verabschiedete und von Hitler im Mai 1926 für «unabänderlich» erklärte Parteiprogramm der Nationalsozialisten im vierten von 25 Punkten erklärte: «Staatsbürger kann nur sein, wer Volksgenosse ist. Volksgenosse kann nur sein, wer deutschen Blutes ist, ohne Rücksicht auf Konfession. Kein Jude kann daher Volksgenosse sein.»[4] Im Gegensatz zum «Volksgenossen» sei «der Jude» nichts anderes als «ein Negativum», so verkündete kurz darauf Hitlers Weggefährte und späterer Propagandaminister Dr. Joseph Goebbels, «und dieses Negativum muß ausradiert werden aus der deutschen Rechnung».[5]

In den Jahren zwischen 1920 und 1933 mögen einige Deutsche über solche Sätze erschrocken gewesen sein, andere werden sie eher belächelt haben – die Zahl derer, die ihnen offen applaudierte, wuchs jedenfalls von Jahr zu Jahr. Dreizehn Jahre nach der Verabschiedung des oben zitierten Parteiprogramms hatte die von Hitler geführte nationalsozialistische «Bewegung» die Macht in Deutschland übernommen – nicht als Ergebnis demokratischer Wahlen, sondern durch einen geschickt inszenierten «Staatsstreich von oben», an dessen Gelingen der greise Reichspräsident und Generalfeldmarschall a. D. Paul von Hindenburg entscheidenden Anteil hatte. Sein offener Antisemitismus stand Hitlers Popularität nicht im Wege, sondern trug eher zu ihr bei. Neu an dieser speziellen Spielart des Antisemitismus war freilich die unerbittliche Rücksichtslosigkeit, zu der Hitler sich stets in aller Offenheit bekannt hat. Auch als Reichskanzler milderte er seinen Tonfall nicht und machte aus seinen mörderischen Absichten weiterhin keinerlei Hehl.[6] Werde es zu einem neuen Krieg, gar zu einem Weltkrieg kommen, so sagte der «Führer» am 30. Januar 1939, dem sechsten Jahrestag seiner «Machtergreifung», so werde dessen Ergebnis «die Vernichtung der jüdischen Rasse in Europa» sein.[7]

Sieben Monate später war dieser Krieg da, von Hitler selbst herbeigeführt. Er begann als Krieg in Europa,[8] der sich dann 1941 durch Japans Überfall auf Pearl Harbour und durch Hitlers Kriegserklärung an die USA tatsächlich zu einem Zweiten Weltkrieg fortentwickeln sollte. Der Vernichtungsfeldzug gegen die «jüdische Rasse» war dabei von Anfang an fest eingeplant.[9]

Als der Krieg am 1. September 1939 mit dem deutschen Überfall auf Polen begonnen hatte,[10] waren ihm bereits sechs Jahre «Krieg nach innen», sechs Jahre ständig gesteigerten Terrors gegen politische Gegner und gegen missliebige Minderheiten vorausgegangen. Als vier Wochen nach der «Machtergreifung» Hitlers in Berlin das Reichstagsgebäude in Flammen stand – die Ursache war eindeutig Brandstiftung, aber durch wen, ist bis heute nicht zweifelsfrei geklärt! –, wurde bereits anderntags, am 28. Februar 1933, durch die von Reichspräsident Hindenburg bereitwillig unterzeichnete «Verordnung zum Schutz von Volk und Staat» die Weimarer Verfassung weitgehend außer Kraft gesetzt. Die Polizei erhielt durch diese Verordnung ab sofort die Erlaubnis, unliebsame Personen für unbefristete Zeit in «Schutzhaft» zu nehmen. Schon ab März 1933 richteten die Nationalsozialisten in leeren Fabrikhallen und ähnlichen Örtlichkeiten die ersten «wilden» Konzentrationslager ein. Rudolf Diels, damals Leiter der Politischen Abteilung Ia am Berliner Polizeipräsidium,[11] schrieb im Rückblick über jene Tage im März 1933: «Nicht nur die Kommunisten, sondern jeder, der sich einmal gegen Hitlers Bewegung ausgesprochen hatte, war gefährdet... In diesen Märztagen entstanden die Konzentrationslager in Berlin.»[12]

Die «Verordnung zum Schutz von Volk und Staat» vom 28. Februar 1933 führte dazu, dass sich bereits am 31. Juli jenes Jahres im Reichsgebiet 26 789 Menschen in «Schutzhaft» befanden; viele waren in der Zeit ihrer Haft gefoltert worden, etliche eines gewaltsamen Todes gestorben. Am 24. März 1933 folgte der genannten Verordnung das «Ermächtigungsgesetz», das es der Regierung ermöglichte, Gesetze ohne Mitwirkung des Parlamentes zu erlassen. Hitlers Diktatur ruhte also schon wenige Wochen nach seinem Amtsantritt als Reichskanzler auf recht festgefügten Fundamenten und hatte auch bereits einer großen Zahl missliebiger Mitbürger das Leben gekostet.

Obschon der Terror der nationalsozialistischen Machthaber sich gegen alle abweichenden Meinungen und gegen die verschiedensten Minderheiten richtete – gegen Kommunisten und Zeugen Jehovas, gegen Homosexuelle und «Zigeuner», gegen Freimaurer und Pazifisten –, verdient das schreckliche Schicksal der deutschen und, seit Kriegsbeginn 1939, der europäischen Juden besondere Beachtung. Schon im Jahr 1933 wurden die Terrormaßnahmen gegen jüdische Bürger im Deutschen Reich Zug um Zug verschärft. Am 28. März 1933 ordnete die Parteiführung der NSDAP für Samstag, den 1. April den ersten landesweiten Boykott jüdischer Geschäfte an. Schon am 7. April folgte das «Gesetz zur Wiederherstellung des Berufsbeamtentums», demzufolge Beamte «nichtarischer Abstammung» sofort in den Ruhestand zu versetzen waren. Im Sommer 1935 schloss sich eine neue Welle von oft äußerst gewalttätigen Boykottaktionen an, die von den Nationalsozialisten zielstrebig inszeniert worden waren, offiziell aber als Manifestationen eines angeblich spontanen «Volkszorns» galten. Dieser wiederum diente Hitler als Anlass, auf dem NSDAP-Parteitag von Nürnberg am 16. September 1935 die sogleich einstimmig verabschiedeten sogenannten Nürnberger Gesetze vorzulegen.[13] Es handelte sich hierbei um das «Reichsbürgergesetz» und das «Gesetz zum Schutze des deutschen Blutes und der deutschen Ehre». Mit ihnen wurde das bereits zitierte antisemitische NSDAP-Programm von 1920 zu geltendem Recht erhoben. So wurden die juristischen Grundlagen der bereits 1933 begonnenen Judenverfolgung immer weiter vervollständigt.

Auf dem Parteitag des nächsten Jahres, 1936, verkündete

Hitler einen «Vierjahresplan», der auf die beschleunigte militärische Aufrüstung Deutschlands zielte. Bereits kurz zuvor, im August 1936, hatte er eine geheime Denkschrift verfasst, die verlangte, dass Wirtschaft und Wehrmacht binnen vier Jahren «mit eiserner Entschlossenheit» kriegsbereit gemacht werden sollten. Dieses Memorandum fordert unter anderem «1. Ein Gesetz, das für Wirtschaftssabotage die Todesstrafe vorsieht, und 2. ein Gesetz, das das gesamte Judentum haftbar macht für alle Schäden, die durch einzelne Exemplare dieses Verbrechertums der deutschen Wirtschaft und damit dem deutschen Volke zugefügt werden.» Deutlicher kann man den Zusammenhang von Aggressionsdrang nach außen und Terror nach innen wohl kaum in Worte fassen!

Zwei Jahre später, im Oktober 1938, wurden fast 20 000 deutsche Juden polnischer Abstammung aus Hitlerdeutschland nach Polen deportiert. Zu ihnen gehörte auch die Familie Grünspan (Grynszpan) aus Hannover.[14] Herschel, der siebzehnjährige, im September 1936 nach Frankreich geflohene Sohn der Grünspans, erschoss aus Empörung über das seinen Eltern zugefügte Unrecht am 7. November 1938 in Paris einen deutschen Diplomaten.[15] Diese Tat lieferte den Vorwand für jenen Pogrom, der alsbald unter dem Namen «Reichskristallnacht» traurige Berühmtheit erlangte.[16] In der Nacht vom 9. auf den 10. November gingen im gesamten Deutschen Reich fast alle Synagogen in Flammen auf (der Feuerwehr war das Eingreifen verboten worden!). Insgesamt wurden über 1400 Synagogen, Bet- und Versammlungsräume zerstört, 7500 jüdische Geschäfte demoliert und geplündert. Etwa 400 Menschen wurden ermordet und ab dem 10. November rund 30 000 zumeist wohlhabende jüdische Menschen in Konzentrationslager verschleppt. Außerdem wurde den deutschen Juden auferlegt, innerhalb eines Jahres in vier Raten eine «Judenbuße» von einer Milliarde Reichsmark zu zahlen.[17]

SA-Posten vor dem Haus Karlsplatz 8, München, 1. April 1933.

Kurz nach diesem Pogrom, am 12. November 1938, erließ die Regierung die «Erste Verordnung zur Ausschaltung der Juden aus dem Wirtschaftsleben», der noch etliche Zwangsmaßnahmen folgten. Zielstrebig wurde die Schraube der Unterdrückung immer fester angezogen: «Man hatte ihnen die Berufe genommen, das Besitztum gestohlen, sie durften nicht erben oder vererben, sie durften nicht auf Parkbänken sitzen oder einen Kanarienvogel halten, keine öffentlichen Verkehrsmittel benutzen, keine Restaurants, keine Kinos, Theater oder Konzerte besuchen, für sie galten bestimmte Rassegesetze, ihnen wurden sämtliche staatsbürgerlichen Rechte entzogen, ihre Freizügigkeit wurde ihnen genommen, ihre Menschenrechte und ihre Menschenwürde wurden in den Staub getreten bis sie in die Konzentrationslager deportiert wurden und in die Gaskammer kamen ...» Mit diesen bündigen Worten fasste der bis Februar 1933 für den preußischen Staat tätige Jurist Robert W. Kempner, später zeitweise Stellvertreter des Hauptanklägers bei den Nürnberger Kriegsverbrecherprozessen, den Leidensweg seiner jüdischen Mitbürger zusammen. Und der 1935 nach kurzer Inhaftierung aus Deutschland in die USA emigrierte Kempner[18] fährt fort: «Um dieses Vernichtungsprogramm, gestützt auf Rassenwahn und Habgier, durchzuführen, wurde innerhalb der Staatsverwaltung, der NSDAP und der Berufsgruppen ein riesiger Apparat aufgebaut... Dieser Vernichtungsapparat wucherte wie ein Krebsgeschwür allmählich in allen Teilen des gesamten Staatsapparates. Seine Schöpfer und Exekutivorgane waren besessen von dem Gedanken der Legitimierung. Sie glaubten, keine Raubmörder zu sein, wenn sie ihren Verbrechen gegen die jüdischen Bürger ‹gesetzliche› Mäntelchen umhängten und jede Missetat an Juden in die Form von Verordnungen, Erlassen, Verfügungen usw. verpackten.»[19]

Auf diese sehr deutsche Spielart der Ausgrenzung und des Terrors werde ich im Epilog dieses Buches noch einmal zurückkommen.

Hält man sich nun die Fülle der hier ja nur in Andeutungen zitierten, in dichter Folge nacheinander verhängten Einschüchterungs- und Unterdrückungsmaßnahmen der sechs Jahre 1933 bis 1938 in ihrer Gesamtheit noch einmal vor Augen, so scheinen sich dem vorurteilslosen Beobachter zwei Schlussfolgerungen geradezu aufzudrängen:

Erstens:

Der unerbittliche Fortgang der Ereignisse «vom Boykott zur Entjudung»[20] ist eindeutig durch ein äußerst zielstrebiges Handeln der politisch Verantwortlichen bestimmt. Die verharmlosende Behauptung, die nationalsozialistische Führung sei in die Judenvernichtung quasi erst allmählich «hineingeschlittert», ja Hitler selbst sei erst durch den aus seiner Sicht unglücklichen Kriegsverlauf zur Massenvernichtung der Juden veranlasst worden, wirkt angesichts der hier gerafft geschilderten Tatsachen geradezu absurd.

Zweitens:
Die deutschen Bürgerinnen und Bürger jener Tage hätten ohne große Mühe ein deutliches Bild von der Brutalität und von der unerbittlichen Konsequenz des nationalsozialistischen Terrorregimes gewinnen können – wenn sie das nur gewollt hätten. Wenn wir beispielsweise die zahlreich erhaltenen Bilder von der Deportation der jüdischen Einwohner aus den deutschen Städten im Jahre 1941 betrachten, als wahre Spaliere von Schaulustigen die Straßen säumten, wird man sich des Eindrucks kaum erwehren können, dass sich die zahlreichen Augenzeugen ja eigentlich gefragt haben mussten, *wohin* man diese Menschen wohl bringen werde. Man wusste um das Schicksal der Deportierten gewiss nicht in allen Einzelheiten – an der ihnen drohenden Gewalt konnte indes kein Zweifel bestehen. Der im Dritten Reich kursierende «Witz», die den im Krieg ausgegebenen Einheits-Seifen-Stücken eingeprägten Buchstaben RJF bedeuteten «Reines Juden-Fett», traf zwar faktisch nicht zu[21], spricht aber eine deutliche Sprache: Zeigt er doch, dass man allgemein annahm, jüdische Menschen seien zu Seife «verarbeitet» worden. Es verhielt sich in Wahrheit also wohl eher so, dass eine Mehrheit der Deutschen dem nationalsozialistischen Vernichtungsprogramm dem Grundsatz nach zustimmte, ohne sich über die Details den Kopf zerbrechen zu wollen …

Mit letzter Sicherheit lässt sich die innere Einstellung der Zeitgenossen von damals heute nicht mehr rekonstruieren. Heimlich und im Verborgenen, quasi unter Ausschluss der Öffentlichkeit (wie hinterher immer wieder behauptet!) hat sich die Aussonderung der deutschen Juden, hat sich der Weg in die Vernichtungslager in Auschwitz und andernorts jedenfalls ganz gewiss nicht vollzogen.

Im Jahr der nationalsozialistischen «Machtergreifung», 1933, waren die in Deutschland lebenden Juden von der damaligen Volkszählung noch auf 525 000 Menschen beziffert worden. Die Zählung vom Mai 1939 gab ihre Zahl mit 214 000 an, bis

1938 wird in Baden-Baden die jüdische Bevölkerung von der SS zusammengetrieben – Schaulustige säumen den Weg.

Kriegsbeginn sank sie, überwiegend durch Auswanderung, auf 185 000 und bis zum Auswanderungsverbot im Oktober 1941 auf ca. 90 000 Menschen. Ab 1941 wurden dann die noch in Deutschland lebenden Juden in diverse Ghettos außerhalb des «Altreichs» und schließlich in die Vernichtungslager deportiert, deren größtes, Auschwitz, im Mittelpunkt des vorliegenden Buches steht. In diesen Lagern spielte sich der letzte Akt im Drama des sorgfältig vorbereiteten Massenmordes ab: Hier wurde, mit «deutscher Gründlichkeit» geplant, eine Vernichtungsmaschinerie in Betrieb gesetzt, wie sie die Welt zuvor noch nicht gesehen hatte.

Als ein Vorspiel dazu, quasi als einen «Probelauf» dieser Maschinerie des Todes kann man die Ermordung Tausender von Geisteskranken und Behinderten in der sogenannten Aktion T 4 betrachten. Sie trägt diesen Namen deshalb, weil die zentrale Planung in einer Berliner Villa in der Tiergartenstraße 4 erfolgte[22].

Ende Oktober 1939 hatte Adolf Hitler in einem auf den 1. September rückdatierten «geheimen Führererlass» gefordert, «die Befugnisse namentlich zu bestimmender Ärzte so zu erweitern, daß nach menschlichen Ermessen unheilbar Kranken bei kritischer Beurteilung ihres Krankheitszustandes der Gnadentod gewährt werden kann». Der tatsächliche Verlauf des nun anlaufenden Massenmordprogramms hatte mit dieser verharmlosenden Verlautbarung allerdings wenig gemein:[23] De facto brachte er auch die ersten nationalsozialistischen Massentötungen mittels Giftgas mit sich.[24]

Am 9. Oktober 1939 begann die bereits im Sommer gegründete «Reichsarbeitsgemeinschaft Heil- und Pflegeanstalten» mit der Verschickung von Meldeformularen, die auf dienstliche Anordnung hin auszufüllen waren. Die aus den Krankenhäusern und Pflegeheimen zurückgeschickten Erhebungsbögen wurden Gutachtern übergeben, die ohne jedes weitere Aktenstudium auf diesen Bögen «Ja», «Nein» oder «Fraglich» vermerkten – «Ja» bedeutete Tötung durch Giftgas. Die Anstalten wurden angewiesen, die betreffenden Patienten zur Abholung bereitzuhalten; wenig später wurden sie dann in den grauen, von innen verhängten Autobussen der «Gemeinnützigen Krankentransport GmbH» (GEKRAT) zuerst in diverse Zwischenstationen und schließlich in eine der sechs für diesen Zweck ausgerüsteten Tötungsanstalten gebracht: Hadamar, Grafeneck, Bernburg, Brandenburg, Hartheim bei Linz und Sonnenstein bei Pirna. Die dortigen Vergasungsanlagen hatte man als Duschräume getarnt.[25] Das mit der Vergasung betraute Personal war kaserniert und wurde mit Sonderzulagen und reichlich Alkohol belohnt. Aus Hadamar berichtete ein Augenzeuge:

> «... Ich kann mich noch erinnern, daß aus Anlaß der Tötung des 10 000. Geisteskranken im Keller eine Feier stattfand. Die Feier fand unmittelbar im Krematorium statt. Der 10 000ste Kranke war

im Krematorium aufgebahrt. Es handelte sich um einen kleinen Menschen mit einem ungeheuren Wasserkopf. Der Kranke mit dem Wasserkopf blieb während der ganzen Feier aufgebahrt. Ich erinnere mich noch, daß Dr. B. eine Rede hielt; ein Angehöriger der Verwaltung verkleidete sich mit Hilfe einer gewendeten Anzugjacke als evangelischer Pfarrer und hielt auch eine Rede. Alle Teilnehmer an dieser Feierlichkeit bekamen eine Flasche Bier...»[26]

Während eigens geschaffene «Trostbriefabteilungen» verlogene Beileidsbekundungen an die Hinterbliebenen schickten, fielen der Mordaktion in nicht ganz zwei Jahren rund 100000 Kranke und Behinderte zum Opfer.[27]

Im August 1941 ließ Hitler die Aktion abrupt beenden; die Gründe hierfür sind bis heute nicht eindeutig ermittelt. Neben Unruhe, zum Teil auch offenem Widerspruch in der Bevölkerung – wie er sich etwa in der berühmten Predigt des Bischofs von Münster, Clemens August Graf von Galen, am 3. August 1941 in der Münsteraner Lambertikirche zeigte[28] – kommt auch der am 22. Juni 1941 begonnene Krieg gegen die Sowjetunion in Betracht, der einerseits eine Konzentration aller Kräfte gerade auch im Transportwesen erforderlich machte, andererseits aber durch den raschen Gewinn von «Lebensraum» im Osten die Realisierung einer groß angelegten «Endlösung der Judenfrage» fernab von den deutschen Gebieten des «Altreichs» möglich machte. Das technische Arsenal der Vergasungsanlagen aus den oben genannten sechs Tötungsanstalten (in denen freilich, wie andernorts, auch weiterhin Kranke und Behinderte ermordet wurden)[29] wurde unter der Leitung von SS-Hauptsturmbannführer Herbert Lange[30] in das Vernichtungslager Chelmno/Kulmhof im «Reichsgau Wartheland» überstellt oder den Verantwortlichen der «Aktion Reinhardt» übergeben (so wurde sie seit Sommer 1942 genannt, und zwar nach dem Vornamen des SS-Obergruppenführers und Leiters des Reichssicherheitshauptamtes, Reinhard Tristan Heydrich[31], der im Juni 1942 an den Folgen eines Attentats gestorben war.). Diese «Aktion Reinhardt» wurde unter dem Kommando von SS-Brigadeführer Odilo Globocnik[32] in den Jahren 1941 bis 1943 zur Ermordung der Juden im «Generalgouvernement Polen» durchgeführt, wofür die Vernichtungslager Belzec, Sobibor und Treblinka errichtet wurden. Dem Mordprogramm fielen dort etwa 1,3 Millionen Menschen zum Opfer.[33]

In dem im Dezember 1941 errichteten Vernichtungslager Chelmno/Kulmhof am Fluss Ner, das verwaltungsmäßig der «Reichstatthalterei des Warthelandes»[34] unterstand, wurden die dorthin deportierten Häftlinge in einem «Gaswagen» ermordet.[35] Der kleine polnische Ort Chelmno, nach der Eroberung Polens 1939 in Kulmhof umbenannt, zählte zu Zeiten der Errichtung des Lagers knapp 300 Einwohner und bestand aus etwa 40 Häusern und zwölf Bauernhöfen.[36] In den aus Berlin beschafften LKWs, deren Kastenaufbau mit Zinkblech ausgeschlagen war, wurden durch die mit einem Verbindungsschlauch ins Innere des Aufbaus geleiteten Motorenabgase pro Fahrt etwa 40 bis 60 ins Wageninnere gezwängte Menschen getötet, was etwa eine Viertelstunde dauerte. Auf dem Höhepunkt der Vernichtungsaktion wurden drei solcher «Gaswagen» benutzt, die von außen dunkel gestrichenen Möbelwagen glichen – zwei kleinere, deren Aufbau 60 bis 80 Opfer fasste, und ein größerer mit einer Kapazität von 100 bis 120 Personen.[37] So verfuhr man über ein Jahr, wobei über 150 000 Menschen getötet wurden, überwiegend Juden aus Polen, aber auch aus Deutschland, Österreich, Luxemburg und der Tschechei sowie Sinti und Roma aus dem österreichischen Burgenland.

Am 16. September 1942 besuchte der Kommandant von Auschwitz, Rudolf Höß, das Lager Chelmno, weil er sich für die dort praktizierte Technik der Leichenverbrennung interessierte. Im März 1943 wurden die Gebäude gesprengt und das Lager aufgelöst, wobei die SS sich große Mühe gab, alle Spuren des grausi-

Die Industrieanlagen des IG-Farbenkonzerns in Auschwitz, in denen synthetisches Gummi und Benzin produziert werden sollten.

gen Geschehens zu beseitigen. Allerdings einigten sich Heinrich Himmler und der Gauleiter des Warthegaus, Arthur Greiser[38], am 13. Februar 1944 darauf, das Lager wieder in Betrieb zu nehmen, um dort die Juden des Ghettos in Lodz/Litzmannstadt zu ermorden, was im Juni und im Juli 1944 geschah. Die restlichen Insassen des Ghettos von Lodz wurden ab August 1944 zur Vergasung nach Auschwitz deportiert.

Die Vernichtungslager der «Aktion Reinhardt» – Belzec, Sobibor und Treblinka – benutzten im Gegensatz zu Chelmno/Kulmhof stationäre Vergasungsanlagen. In Belzec wurden Mitte 1942 die ersten polnischen Juden ermordet. Ihre Vergasung fand zunächst in einer Holzbaracke statt, die im Juli 1942 durch einen massiven Steinbau ersetzt wurde. Im Frühjahr 1943 ließ die SS das Gebäude abreißen, das Gelände einebnen und bepflanzen. Die für diese Arbeit benötigten Häftlinge wurden, als sie ihren Dienst verrichtet hatten, nach Sobibor gebracht und dort ermordet.

Das Vernichtungslager Sobibor, im April 1942 nahe der Grenze zum Reichskommissariat Ukraine errichtet, wurde nach einem Aufstand der Häftlinge des jüdischen Arbeitskommandos[39] am 14. Oktober 1943 geschlossen und abgebrochen. Da alle Häftlinge von Sobibor außer 30, denen die Flucht gelang, zur Vergeltung von der SS erschossen worden waren, musste für diese Aufräumarbeiten eine Gruppe von Häftlingen aus Treblinka abkommandiert werden.

Treblinka war das größte der drei Vernichtungslager der «Aktion Reinhardt»; die Vergasungen begannen dort am 23. Juli 1942 mit der Ankunft eines Transportes von etwa 5000 Juden aus Warschau.[40] Das Lager bestand im Wesentlichen aus einer Bahnhofsattrappe, die den Ankömmlingen den Eindruck vermitteln sollte, hier stehe ihr Weitertransport an. In Wahrheit wurden sie zum Auskleiden gezwungen und in als Duschräume getarnte Gaskammern getrieben. Dort wurden sie durch Motorenabgase getötet, die vermutlich aus einem Panzermotor stammten. Im Herbst 1943 wurden die Gebäude abgerissen und das Lager aufgelöst.

Seither konzentrierten sich die nationalsozialistischen Bemühungen um einen systematischen Massenmord weitgehend auf einen einzigen Ort, dessen Name seither zum Menetekel geworden ist:

AUSCHWITZ!

2. Das System der nationalsozialistischen Konzentrations- und Vernichtungslager

In jenem Vernichtungsapparat, mit dessen Hilfe ab 1941 ein geradezu industriell betriebener Massenmord durchgeführt worden ist, der in der an Gräueltaten nicht eben armen Menschheitsgeschichte nicht seinesgleichen kennt, spielt das System der nationalsozialistischen Konzentrations- und Vernichtungslager eine Schlüsselrolle.[41]

Von den bereits Anfang 1933 unter der Kontrolle der SA errichteten frühen, «wilden» Konzentrationslagern ist oben bereits die Rede gewesen. Die meisten von ihnen wurden im Sommer 1933 aufgelöst. In den Lagern, die weiterhin bestanden, wurde nach der Entmachtung der SA in der Folge des «Röhm-Putsches» Ende Juni 1934[42] die Wachmannschaft durch SS-Angehörige ersetzt, die als «SS-Totenkopf-Verbände» zusammengefasst wurden. Die Aufsicht über diese weiterhin betriebenen Lager übernahm eine «Inspektion der Konzentrationslager», die 1942 in das damals neu gegründete SS-Wirtschaftsverwaltungshauptamt integriert wurde.

Bei Kriegsbeginn 1939 existierten im Reichsgebiet sechs nach einem einheitlichen Schema organisierte und jeweils auf die Zuteilung von etwa 5000 Häftlingen ausgelegte Lager: Dachau als «Musterlager» seit 1933, Sachsenhausen seit 1936, Buchenwald bei Weimar seit 1937, Flossenbürg bei Weiden seit 1938, Mauthausen bei Linz seit 1938 (sofort nach dem «Anschluss» Österreichs eingerichtet) und das Frauenlager Ravensbrück (seit 1939). In diesen sechs Lagern waren im September 1939 insgesamt etwas mehr als 21 000 Häftlinge untergebracht.

In den Kriegsjahren nach 1939 kamen dann noch etliche andere Konzentrationslager hinzu: Bergen-Belsen, Groß-Rosen, Hinzert, Mittelbau-Dora (wo die «Vergeltungswaffen» V1 und V2 gebaut wurden), Neuengamme, Niederhagen-Wewelsburg und Stutthof bei Danzig im Deutschen Reich und Natzweiler im von ihm besetzten Elsass, Herzogenbusch in Holland, Kauen in Litauen, Klooga in Estland, Riga-Kaiserwald in Lettland, Lublin/Majdanek und Plaszow im «Generalgouvernement Polen» – und dazu noch das größte Lager von allen, das KZ Auschwitz mit seinen ab Sommer 1943 offiziell so bezeichneten Untergliederungen Auschwitz I («Stammlager»), Auschwitz II (Birkenau) und Auschwitz III (Monowitz), das im für «reichsdeutsch» erklärten Teil des eroberten Polen gelegen war.

Um während des Krieges dem Bedürfnis der Industrie nach Arbeitskräften entgegenzukommen und um hierzu die Arbeitskraft der KZ-Häftlinge ausbeuten zu können, wurden im Umkreis etlicher Konzentrationslager eine Vielzahl von Nebenlagern und Außenkommandos errichtet, die dienstlich jeweils dem Hauptlager und somit dem während des Krieges gegründeten SS-Wirtschaftsverwaltungshauptamt unterstanden. So gehörtem zum KZ Dachau über 150, zum KZ Buchenwald mehr als 120 Nebenlager. Schon aufgrund dieser räumlichen Verteilung wirkt äußerst unglaubhaft, dass so viele Deutsche rein gar nichts von dem bemerkt haben wollen, was überall im Land vor sich ging…

Die Geschichte der Konzentrationslager ist untrennbar mit der Geschichte der SS verbunden – jener Eliteorganisation von «Soldaten des Bösen»,[43] die bereits kurz nach Hitlers «Machtergreifung» zur wichtigsten Stütze des nationalsozialistischen Terrorregimes wurde. Nach der bereits erwähnten blutigen Ausschaltung der SA und der Ermordung etlicher ihrer Führer im Juni 1934 hatte Hitler am 30. Juni die Alleinzuständigkeit für sämtliche Konzentrationslager dem nur ihm verpflichteten «Reichsführer SS», Heinrich Himmler, übertragen. Dieser ernannte umgehend den bisherigen Lagerkommandanten von Dachau, Theodor Eicke[44], zum «Inspekteur der Konzentrationslager». Am 17. Juni 1936 wurde Himmler von Hitler obendrein mit der «einheitlichen Zusammenfassung der polizeilichen Aufgaben im Reich» beauftragt. Damit war, so das Urteil eines Historikers, «das gesamte Polizeiwesen des Dritten Reiches zur Eroberung durch die SS freigegeben worden».[45]

Im Zuge dieser Unterwerfung des Polizeiwesens unter die organisatorische und ideologische Kontrolle durch die SS wandelte sich auch die Funktion der Konzentrationslager. Waren beispielsweise im ersten aller KZs, in Dachau, zunächst überwiegend politische Häftlinge inhaftiert, so brachte die Gestapo als «Einweisungsbehörde» immer mehr sogenannte Asoziale, Homosexuelle, Zeugen Jehovas usw. in die neuen KZs in Sachsenhausen und Buchenwald – Menschen, die nicht straffällig und auch von keinem Gericht verurteilt, aber in den Augen der SS missliebig waren. Etliche von ihnen waren nach der Einstellung des Verfahrens oder gar nach einem Freispruch von der SS im Gerichtssaal in «Schutzhaft» genommen worden.

Die «Schutzhaft» wurde so zu einer willkürlich verhängten, zeitlich nicht befristeten Sonderstrafe, gegen die es keine Rechtsmittel gab und die alle treffen konnte, die für die SS und die von ihr dominierte Polizei als unerwünschte Außenseiter galten. Dieses Regime hatte Heydrichs Stellvertreter Werner Best[46] im Frühjahr 1936 so beschrieben: Die Gestapo sei «eine Einrichtung, die den politischen Gesundheitszustand des deutschen Volkskörpers sorgfältig überwacht, jedes Krankheitssymptom rechtzeitig erkennt und die Zerstörungskeime ... mit jedem geeigneten Mittel beseitigt».[47]

Im April 1938 brachte die SS in einer ersten «Asozialen-Aktion» 1500 dieser missliebigen Personen in die Konzentrationslager. Die politischen Häftlinge herkömmlicher Art wurden dort allmählich zur Minderheit – hinter dem Stacheldrahtzaun der Lager wurden immer häufiger «Arbeitsscheue», «Landstreicher» oder «Raufbolde» verwahrt: Menschen, die den Behörden ein Dorn im

Auge gewesen oder durch einen Denunzianten in Misskredit geraten waren.[48]

Unter dem Terrorregime der SS wurden die Konzentrationslager also von Orten der Einschüchterung und der Eliminierung politischer Gegner, wie wir sie – freilich in unterschiedlichen «Härtegraden» – in allen Diktaturen finden, zu Ausführungsorganen einer spezifisch nationalsozialistischen «Sozialpolitik», die unnachsichtig alle «Volksschädlinge» traf: Wurden sie nicht schon bald nach ihrer Ankunft im Lager ermordet, drohte ihnen über kurz oder lang der Tod durch Zwangsarbeit unter meist unmenschlichen Bedingungen.

Nach den bereits erwähnten Novemberpogromen 1938 wurden erstmals auch jüdische Bürger in großer Zahl in die Konzentrationslager eingeliefert – nach dem 10. November über 30 000 Menschen, von denen etliche im Lager den Tod fanden, die meisten freilich nach einen Akt der Erpressung wieder freigelassen wurden: Sie hatten sich vorher zur Auswanderung verpflichtet und einen «Vertrag» über die «Arisierung» (sprich: Beschlagnahme) ihrer Besitztümer unterzeichnet. Vorübergehend war die Zahl der Inhaftierten so auf über 60 000 Menschen angestiegen, um dann – wie erwähnt – wieder auf etwas mehr als 21 000 Häftlinge bei Kriegsbeginn am 1. September 1939 abzusinken.

«Der Kriegsanfang bedeutete eine radikale Zäsur», stellt der Soziologe Wolfgang Sofsky fest. «Er veränderte zwar nicht die Organisationsprinzipien, aber er verschob die Funktionen im Lager und die Struktur der Häftlingsgesellschaft. Der Haftvollzug wurde verschärft, die Verpflegungsrationen wurden reduziert, der Tagesablauf gestrafft, die Appellzeiten auf Kosten der Freizeit ausgedehnt, die Sterblichkeit erreichte im ersten Kriegswinter bislang ungekannte Ausmaße, die Lager füllten sich mit ausländischen Häftlingen aus den besetzten Ländern. Je weiter die deutschen Truppen vordrangen, desto kleiner wurde der Anteil der deutschen Häftlinge. Sie machten während des Krieges nurmehr fünf bis zehn Prozent aus. Die meisten ausländischen Gefangenen kamen aus Polen und der Sowjetunion, von wo sie direkt nach der Besetzung in die Lager verschleppt wurden.»[49]

Die vielen neuen Häftlinge aus allen Teilen Europas führten, trotz steigender Sterberaten, zur Überfüllung der Konzentrationslager, was wiederum die Gründung neuer Lager zur Folge hatte, wie zum Beispiel in Auschwitz im Frühjahr 1940.

Und noch in anderer Hinsicht wirkte sich der Krieg in Europa, der 1941 zum Weltkrieg wurde, auf das Leben und Sterben in den Lagern aus. Einerseits erhielt die oft genug mörderische Zwangsarbeit immer größeres Gewicht[50] – zum einen wegen des kriegsbedingten Arbeitskräftemangels in «Großdeutschland», zum anderen wegen des Bestrebens der SS-Führung, kriegswichtige Produktionsbereiche der eigenen Kontrolle zu unterwerfen. «Der Reichsführer SS versuchte schon seit Mitte der dreißiger Jahre, die Arbeitskraft von Konzentrationslagerhäftlingen für rüstungswirtschaftliche Zwecke in Steinbrüchen, Ziegelwerken und Kiesgruben auszubeuten, um der SS auch wirtschaftliche Macht zu sichern, ihr Anteil an der Produktion von Rüstungsgütern zu verschaffen und in den Lagern langfristig eine eigene Rüstungsproduktion aufzubauen.»[51] Diese Versuche stießen jedoch auf etliche Schwierigkeiten und waren, betriebswirtschaftlich gesehen, nicht eben erfolgreich. In Auschwitz kam es allerdings zu einer ganz besonderen Zusammenarbeit von Privatwirtschaft und SS, die im nächsten Kapitel genauer geschildert werden soll.

Andererseits vollzog sich nach Kriegsbeginn in den Konzentrationslagern der Übergang zu einer mit deutscher Gründlichkeit organisierten Massenvernichtung, wie die Welt sie bisher nicht erlebt hatte (siehe dazu die obigen Ausführungen zu Chelmno/Kulmhof, Belzec, Sobibor und Treblinka). Diese Einzigartigkeit war der nationalsozialistischen Führungsschicht durchaus bewusst, wurde sie von ihr sogar noch prahlerisch hervorgehoben. «Meine Herren, ich muß Sie bitten, sich gegen alle Mitleidserwägungen zu wappnen», sagte Hans Frank, der deutsche Generalgouverneur in Polen, in einer Ansprache vor nationalsozialistischen Würdenträgern. «Man kann bisherige Anschauungen nicht auf solche gigantischen, einmaligen Ereignisse übertragen.»

Diese «gigantischen Ereignisse» führten in der nationalsozialistischen Ära zu den folgenden Zugängen und Todesfällen im System der Konzentrationslager[52]:

Lager	**Zugänge**	**Todesfälle**
Dachau	206 206	31 591
Buchenwald	238 979	56 545
Mauthausen	197 464	102 795
Neuengamme	106 000	55 000
Flossenbürg	96 217	28 374
Groß-Rosen	120 000	40 000
Majdanek	250 000	200 000
Mittelbau-Dora	60 000	20 000
Bergen-Belsen	125 000	50 000
Chelmno	?	225 000
Belzec	?	600 000
Sobibor	?	250 000
Treblinka	?	974 000
Auschwitz	405 000	261 000
Auschwitz-Birkenau	?	1 000 000
Summe	mindestens 4 853 866	3 894 305

Insgesamt sind also – wenn wir jene Vernichtungslager, in denen die ankommenden Menschen sofort ermordet worden sind, in die Übersicht miteinbeziehen – von fast fünf Millionen in das System der Konzentrationslager hineingetriebenen Menschen dort etwa vier Millionen (80 Prozent) zu Tode gekommen. Auch wird deutlich, welch herausragende Bedeutung Auschwitz innerhalb des Lagersystems hatte: Fast ein Drittel aller KZ-Opfer, über 1 200 000 Menschen, ist dort ermordet worden. Ebendeshalb bleibt Auschwitz ein Menetekel deutscher Geschichte – und es ist kein Wunder, dass all jene, die diese Geschichte von ihren blutigen Flecken säubern wollen, gerade Auschwitz ins Zentrum ihrer Verleugnungsbestrebungen stellen. Just darum ist es so wichtig, immer wieder klar und deutlich hervorzuheben, was dort zwischen 1940 und 1945 wirklich geschehen ist. Diesen Ereignissen widmet sich der nächste Abschnitt dieses Buches.

3. Das Vernichtungslager Auschwitz

Als «größte Menschen-Vernichtungsanlage aller Zeiten» wurde das KZ Auschwitz von seinem einstigen Kommandanten Rudolf Höß bezeichnet.[53] Die historische Forschung muss dem zustimmen. Stellen wir in Rechnung, dass dieses KZ insgesamt 1689 Tage in Betrieb gewesen ist (am 14. Juni 1940 wurden die ersten Häftlinge eingeliefert; am 27. Januar 1945 hat die Rote Armee das Lager befreit), so bedeuten die dort ermordeten 1,2 Millionen Menschen 710 Todesopfer pro Tag über viereinhalb Jahre hinweg. Ein Massenmord dieser Art scheint in der bisherigen Menschheitsgeschichte in der Tat einzigartig zu sein. Deshalb ist es angebracht, gerade dieses KZ Auschwitz durch eine Art «Vergrößerungsglas» zu betrachten, unter dem die Verbrechen des Nationalsozialismus besonders eindrücklich sichtbar werden.

Die Vorgeschichte

Als die Truppen der deutschen Invasoren am 4. September 1939 in das Städtchen Oswiecim einrückten, das damals etwa 12 000 Einwohner zählte, konnte dieser Ort schon auf eine lange und wechselvolle Geschichte zurückblicken.[54] Sein Name leitet sich vom altpolnischen Wort «swiety» = «Heiliger» ab und wird 1178 erstmals urkundlich erwähnt. 1348 wurde der Ort – die Hauptstadt eines kleinen, gleichnamigen Herzogtums – dem Heiligen Römischen Reich Deutscher Nation einverleibt, 1457 fiel es an die polnische Krone und 1772, nach der ersten polnischen Teilung, an die Habsburgermonarchie. Deren Kaiser trugen bis 1918 auch den Titel «Herzog von Auschwitz». Seit 1918 wieder polnisch und der Wojewodschaft Krakow zugeordnet, blieb Oswiecim bis 1939 ein wichtiger Truppenstandort der polnischen Armee und zugleich ein bedeutendes Verwaltungszentrum.

Nach dem Einmarsch der Deutschen wurde das Städtchen wieder in Auschwitz umbenannt (der Marktplatz hieß ab sofort «Adolf-Hitler-Platz»!), doch seine territoriale Zugehörigkeit blieb zunächst ungewiss. Erst am 26. Oktober wurde durch das Inkrafttreten einer vom Reichsinnenministerium erarbeiteten Regelung zur neuen Grenzziehung eindeutig festgelegt, dass Auschwitz fortan zu «Ostoberschlesien» und damit zum Deutschen Reich gehörte.

Genau sechs Monate später, am 27. April 1940, befahl der «Reichsführer SS» Heinrich Himmler dem Inspekteur aller Konzentrationslager, dem SS-Oberführer Richard Glücks[55], in Auschwitz ein neues KZ einzurichten, das Platz für 10 000 Inhaftierte bieten sollte. Vorausgegangen war dieser Weisung ein Bericht von Hauptsturmführer Rudolf Franz Ferdinand Höß, der das Terrain ausführlich erkundet hatte. Prompt wurde Höß auch zum Kommandanten des neuen Lagers ernannt.

Oswiecim/Auschwitz ist 30 Kilometer von Kattowitz, 60 Kilometer von Krakau entfernt und liegt an der Sola, die an der heutigen nördlichen Stadtgrenze in die Wisla (Weichsel) mündet. Außerdem war die Stadt ein Eisenbahnknotenpunkt – schon seit 1900 führten Linien des k.u.k. Eisenbahnnetzes nach Kattowitz, Krakau und Wien. Die verkehrsgünstige Lage und die gute Wasserversorgung haben vermutlich den Ausschlag für die Standortwahl durch Höß und Himmler gegeben.

Östlich der Sola lag einst die Oswiecimer Altstadt, südlich des Flusses die Vorstadt Zasole. Diese Vorstadt musste den 40 Quadratkilometern «Interessengebiet des Lagers» weichen, die als «Amtsbezirk Auschwitz» aus der örtlichen Verwaltung ausgegliedert wurden. Im Juli 1940 wurden die ersten Häuser geräumt, im Frühjahr 1941 die gesamte Einwohnerschaft ausgesiedelt und 123 Häuser abgerissen; in den Rest zogen SS-Männer mit ihren Familien ein. Die Bewohner Zasoles fanden neue Unterkünfte in den Häusern ihrer in die Ghettos deportierten jüdischen Mitbürger. Von den jüdischen Bürgern von Oswiecim wurden viele später in den Gaskammern von Auschwitz-Birkenau ermordet, wenige Kilometer von ihrem einstigen Wohnort entfernt.

Die Errichtung des «I.G. Farbenindustrie A.G. Werks Auschwitz» (so die offizielle Bezeichnung), von dem im Text noch ausführlich die Rede sein wird, war vom Aufsichtsrat des 1925 gegründeten Großkonzerns IG Farben – damals der größte Chemiekonzern der Welt – Anfang 1941 beschlossen worden. Eine Ortsbesichtigung durch das Mitglied des IG-Farben-Vorstandes Dr. Otto Ambros[56], nach der Ambros den Standort in «Ostoberschlesien» empfohlen hatte, war diesem Beschluss vorausgegangen. Nachdem Ambros den Plan dem Aufsichtsrat vorgetragen hatte, wandte sich dessen Vorsitzender Carl Krauch[57] an seinen Duzfreund Hermann Göring, der wiederum Heinrich Himmler einweihte. Dieser traf am 26. Februar 1941 die entsprechenden Anordnungen. Im März einigten sich SS und IG Farben über die Einzelheiten der künftigen Zusammenarbeit (Details

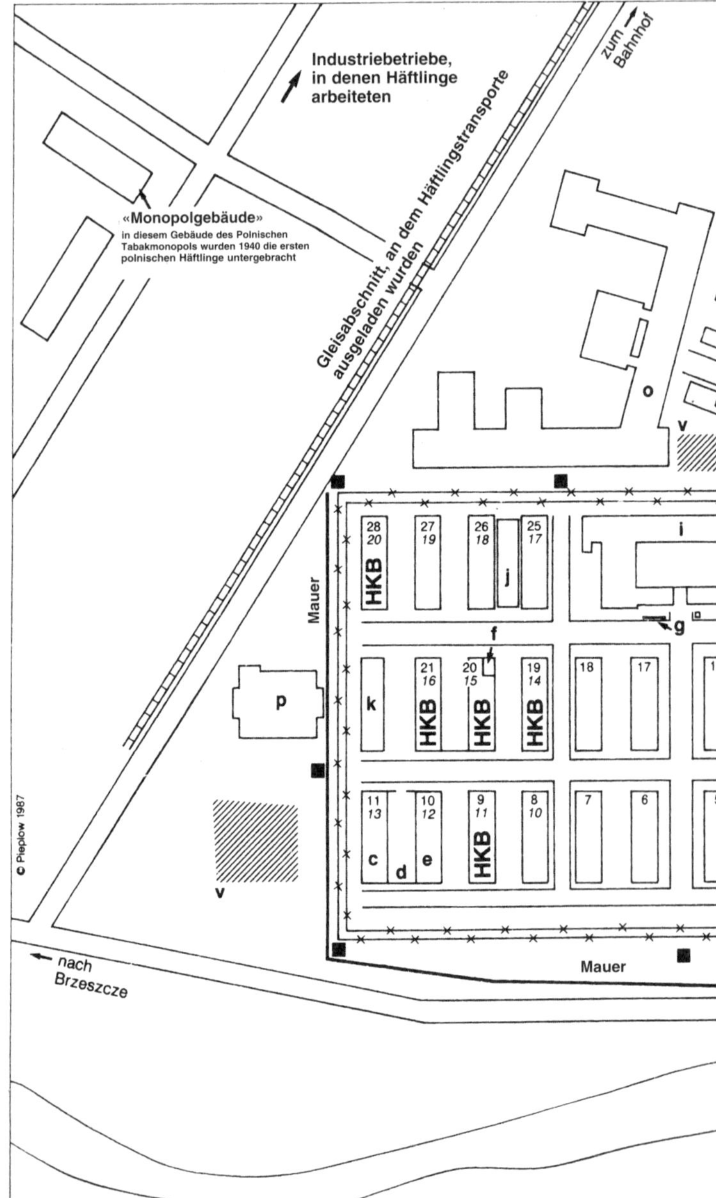

Industriebetriebe,
in denen Häftlinge
arbeiteten
zum Bahnhof
«Monopolgebäude»
in diesem Gebäude des Polnischen
Tabakmonopols wurden 1940 die ersten
polnischen Häftlinge untergebracht
Gleisabschnitt, an dem Häftlingstransporte
ausgeladen wurden
o
v
i
28
20
HKB
27
19
26
18
j
25
17
g
Mauer
f
21
16
20
15
19
14
18
17
p
k
HKB
HKB
HKB
11
13
10
12
9
11
8
10
7
6
c
d
e
HKB
v
© Pieplow 1987
nach
Brzeszcze
Mauer

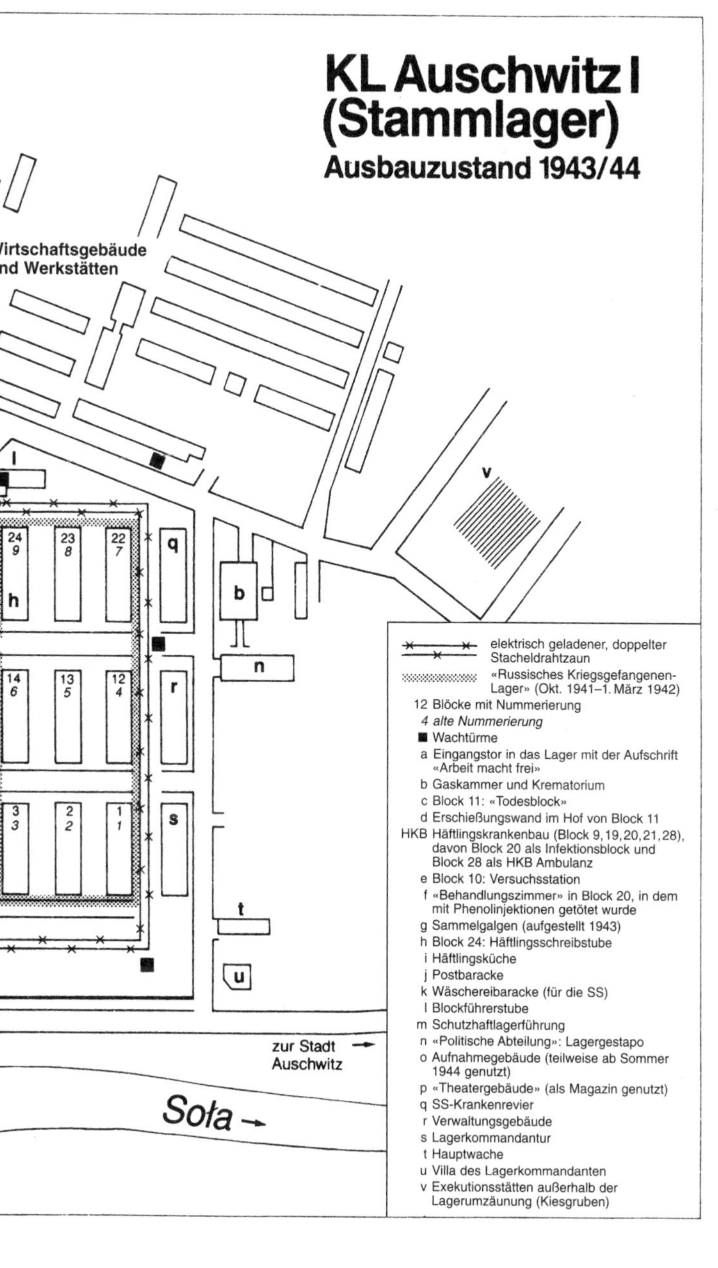
KL Auschwitz I
(Stammlager)
Ausbauzustand 1943/44
Wirtschaftsgebäude
und Werkstätten
v
l
i
24
9
23
8
22
7
h
q
b
14
6
13
5
12
4
r
n
3
3
2
2
1
1
s
t
u
zur Stadt
Auschwitz
Soła
elektrisch geladener, doppelter Stacheldrahtzaun
«Russisches Kriegsgefangenen-Lager» (Okt. 1941–1. März 1942)
12 Blöcke mit Nummerierung
4 alte Nummerierung
Wachtürme
a Eingangstor in das Lager mit der Aufschrift «Arbeit macht frei»
b Gaskammer und Krematorium
c Block 11: «Todesblock»
d Erschießungswand im Hof von Block 11
HKB Häftlingskrankenbau (Block 9, 19, 20, 21, 28), davon Block 20 als Infektionsblock und Block 28 als HKB Ambulanz
e Block 10: Versuchsstation
f «Behandlungszimmer» in Block 20, in dem mit Phenolinjektionen getötet wurde
g Sammelgalgen (aufgestellt 1943)
h Block 24: Häftlingsschreibstube
i Häftlingsküche
j Postbaracke
k Wäschereibaracke (für die SS)
l Blockführerstube
m Schutzhaftlagerführung
n «Politische Abteilung»: Lagergestapo
o Aufnahmegebäude (teilweise ab Sommer 1944 genutzt)
p «Theatergebäude» (als Magazin genutzt)
q SS-Krankenrevier
r Verwaltungsgebäude
s Lagerkommandantur
t Hauptwache
u Villa des Lagerkommandanten
v Exekutionsstätten außerhalb der Lagerumzäunung (Kiesgruben)

dazu im nächsten Abschnitt), am 7. April wurde in Kattowitz die «IG Auschwitz» offiziell gegründet, und man begann noch am selben Tag mit dem Bau der riesigen Werksanlagen. Dem auf eine Produktionskapazität von 30 000 Tonnen synthetischem Kautschuk pro Jahr ausgelegten Werk sollte eine Hydrieranlage zur Umwandlung von Kohle in Treibstoff zur Seite gestellt werden. Diese Anlage ging freilich nie in Betrieb, doch kamen bis Januar 1945 circa 25 000 Häftlinge im Werk der «IG Auschwitz» ums Leben.

Eine kurze Chronologie des Terrors von Auschwitz[58]

20. Mai 1940:
SS-Scharführer Gerhard Palitzsch, der spätere Rapportführer des Lagers,[59] trifft mit 30 deutschen «kriminellen Häftlingen» aus dem KZ Sachsenhausen in Auschwitz/Oswiecim ein. Diese Männer werden als «verlängerter Arm» der SS zu «Funktionshäftlingen» ernannt; sie führen im Lager ein grausames Regime. Bruno Brodniewicz erhält die Häftlingsnummer 1 und die Funktion des «Lagerältesten».[60]

14. Juni 1940:
Während die siegreichen deutschen Soldaten in Paris auf den Champs-Élysées paradieren, werden die ersten polnischen Häftlinge in das KZ Auschwitz eingeliefert: 728 Männer aus dem Gefängnis Tarnow, die die Häftlingsnummern 31 bis 758 erhalten.[61] SS-Hauptsturmführer Karl Fritzsch[62] begrüßt sie mit einer Rede, in der er unter anderem sagt: «Ihr seid hier nicht in ein Sanatorium gekommen, sondern in ein Konzentrationslager, aus dem es keinen anderen Ausgang gibt als durch den Schornstein des Krematoriums!»

7. Juli 1940:
Der erste Häftling stirbt im KZ Auschwitz. Es ist der am 20. Juni mit einem Transport von 313 politischen Gefangenen (Häftlingsnummern 759 bis 1071) aus dem Gefängnis Wiswicz Nowy eingelieferte polnische Jude Dawid Wingoczweski. Nach mehreren Stunden ununterbrochenen Stillstehens bei einem Strafappell bricht Wingoczewski tot zusammen. Diese Terrormaßnahme war die Vergeltung für die am Vortag, am 6. Juli, gelungene erste Flucht eines Häftlings. Es handelte sich um Tadeusz Wiejowski aus Tarnów, der durch einen Seitenausgang des Lagers entwich, am Bahnhof auf einen Güterwagen kletterte und mit dem abfahrenden Zug fliehen konnte. Die polnische Bevölkerung der näheren Umgebung war daraufhin tagelangen Repressalien ausgesetzt.

Juli 1940:
Im ehemaligen Munitionsbunker links vom Eingangstor des Stammlagers beginnen die Fundamentierungsarbeiten für einen Krematoriumsofen, der als Modell D 57753 bei der Firma J. A. Topf und Söhne in Erfurt bestellt worden ist.

18. Februar 1941:
Reichsmarschall Hermann Göring fordert in einem Brief an den Reichsführer SS Heinrich Himmler die Freimachung von Wohnraum in Auschwitz sowie die Bereitstellung von Fach- und Hilfsarbeitern aus dem Konzentrationslager für den dort geplanten Bau eines BUNA-Werkes[63] der IG Farben (siehe dazu den Abschnitt «Die Vorgeschichte»).

1. März 1941:
Heinrich Himmler inspiziert erstmals persönlich das KZ Auschwitz. Dabei befiehlt er dem Kommandanten Rudolf Höß, das bisherige Lager so auszubauen, dass es 30 000 Häftlingen Platz bieten kann. Außerdem sollen 10 000 Häftlinge für den Bau des

IG-Farben-Werkes abgestellt werden. Ob damals schon der Plan existierte, auf dem Gebiet des Dörfchens Brzezinka (=«Birken-Au») ein zweites Lager zu errichten, das spätere Vernichtungslager Auschwitz-Birkenau, ist nicht eindeutig gesichert.

20. März 1941:
Die SS, vertreten durch SS-Gruppenführer Karl Wolff,[64] einigt sich mit der IG Farben, für die ihr Verwaltungsratsmitglied SS-Obersturmbannführer Dr. Heinrich Bütefisch[65] anwesend ist, auf eine Zahlung von drei Reichsmark täglich für den ungelernten und von vier Reichsmark/Tag für jeden gelernten Arbeiter, den die SS aus dem Konzentrationslager der IG Auschwitz zur Verfügung stellt. Eine Woche später wird festgelegt, dass die Arbeitszeit der Häftlinge im Sommer zehn bis elf Stunden, im Winter neun Stunden pro Tag betragen soll.

7. April 1941:
Häftlinge aus dem Stammlager beginnen mit dem Bau der BUNA-Werksanlage. Die Wegstrecke von jeweils sieben Kilometer An- und Rückmarsch müssen sie zu Fuß zurücklegen.

14. Juli 1941:
Die Firma Topf und Söhne (Erfurt) teilt mit, dass der für den Einbau im Stammlager vorgesehene Doppelmuffen-Einäscherungsofen in zehn Stunden bis zu 35 Leichen verbrennen kann und dass gegen einen Dauerbetrieb tags und nachts keine Einwände bestehen.

18. Juli 1941:
Erstmals werden einige hundert sowjetische Kriegsgefangene nach Auschwitz eingeliefert und dort in Block 11 des Stammlagers untergebracht. Innerhalb weniger Tage werden sie alle erschossen oder erschlagen.[66]

28. Juli 1941:
Im Rahmen der sogenannten Euthanasie-Aktion (siehe oben, S. 17 ff.), die 1941 auch auf KZ-Häftlinge ausgedehnt wird, sondert eine Ärztekommission 573 kranke, schwache oder invalide Häftlinge aus. Dieser Ärztekommission gehört auch Dr. Horst Schumann[67] an, der ein Jahr später, im Herbst 1942, auf Dauer nach Auschwitz kommen und dort eine Reihe grausamer Menschenversuche durchführen wird (siehe weiter unten, S. 64 ff.). Die Opfer dieser Selektion werden in die Tötungsanstalt Sonnenstein bei Pirna gebracht und dort, wie bei der Aktion «T4» üblich, in einer als Duschraum getarnten Gaskammer mit Kohlenmonoxid getötet.

Vermutlich 29. Juli 1941:
Lagerkommandant Rudolf Höß besucht den Reichsführer SS Heinrich Himmler in Berlin. «Entgegen seiner sonstigen Gepflogenheit eröffnete er mir, ohne Beisein eines Adjutanten, dem Sinne nach folgendes: Der Führer hat die Endlösung der Judenfrage befohlen, wir – die SS – haben diesen Befehl durchzuführen. Die bestehenden Vernichtungsstellen im Osten sind nicht in der Lage, die beabsichtigten großen Aktionen durchzuführen. Ich habe daher Auschwitz dafür bestimmt, einmal wegen der günstigen verkehrstechnischen Lage, und zweitens läßt sich das dafür zu bestimmende Gebiet leicht absperren und tarnen... Nähere Einzelheiten erfahren Sie durch Sturmbannführer Eichmann, der in nächster Zeit zu Ihnen kommt.»[68]

August 1941:
Wie von Himmler angekündigt, besucht Karl Adolf Eichmann[69], der Leiter des «Judenreferats» im Reichssicherheitshauptamt, das KZ Auschwitz, um mit Höß die Einzelheiten des Vernichtungsprogramms zu besprechen. Beiden Männern ist klar, dass Massenerschießungen nicht infrage kommen – solche Aktionen,

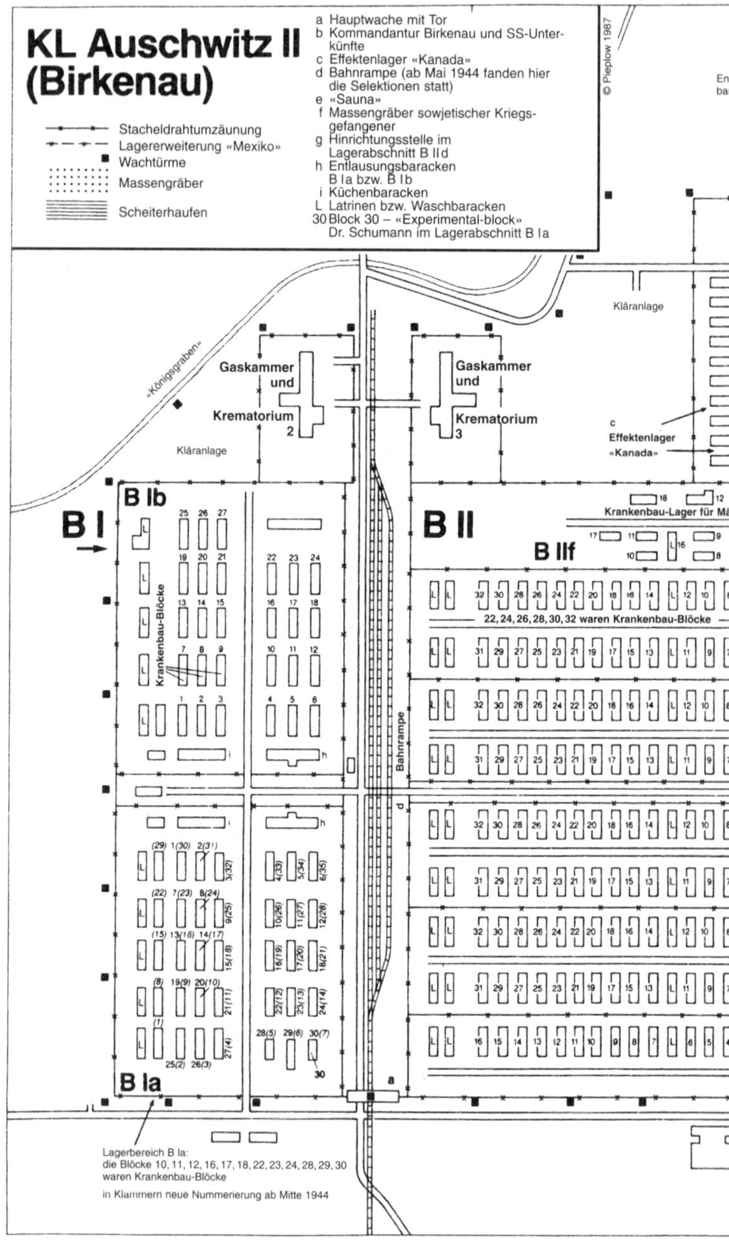
KL Auschwitz II
(Birkenau)
Stacheldrahtumzäunung
Lagererweiterung «Mexiko»
Wachtürme
Massengräber
Scheiterhaufen
a Hauptwache mit Tor
b Kommandantur Birkenau und SS-Unterkünfte
c Effektenlager «Kanada»
d Bahnrampe (ab Mai 1944 fanden hier die Selektionen statt)
e «Sauna»
f Massengräber sowjetischer Kriegsgefangener
g Hinrichtungsstelle im Lagerabschnitt B IId
h Entlausungsbaracken B Ia bzw. B Ib
i Küchenbaracken
L Latrinen bzw. Waschbaracken
30 Block 30 – «Experimental-block» Dr. Schumann im Lagerabschnitt B Ia
© Pieplow 1987
«Königsgraben»
Kläranlage
Gaskammer und Krematorium 2
Gaskammer und Krematorium 3
Kläranlage
c Effektenlager «Kanada»
B I
B Ib
Krankenbau-Blöcke
B II
Krankenbau-Lager für Män
B IIf
22, 24, 26, 28, 30, 32 waren Krankenbau-Blöcke
Bahnrampe
d
a
B Ia
Lagerbereich B Ia: die Blöcke 10, 11, 12, 16, 17, 18, 22, 23, 24, 28, 29, 30 waren Krankenbau-Blöcke
in Klammern neue Nummerierung ab Mitte 1944

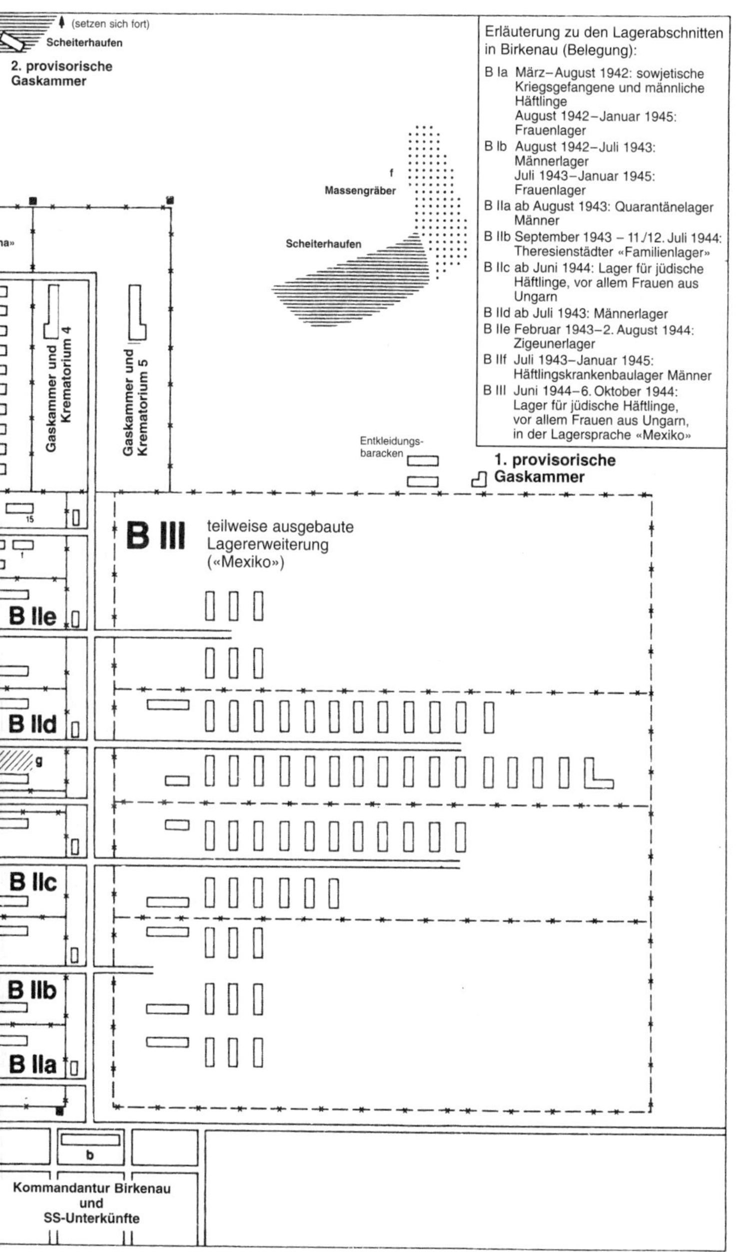

Erläuterung zu den Lagerabschnitten in Birkenau (Belegung):

B Ia März–August 1942: sowjetische Kriegsgefangene und männliche Häftlinge
August 1942–Januar 1945: Frauenlager

B Ib August 1942–Juli 1943: Männerlager
Juli 1943–Januar 1945: Frauenlager

B IIa ab August 1943: Quarantänelager Männer

B IIb September 1943 – 11./12. Juli 1944: Theresienstädter «Familienlager»

B IIc ab Juni 1944: Lager für jüdische Häftlinge, vor allem Frauen aus Ungarn

B IId ab Juli 1943: Männerlager

B IIe Februar 1943–2. August 1944: Zigeunerlager

B IIf Juli 1943–Januar 1945: Häftlingskrankenbaulager Männer

B III Juni 1944–6. Oktober 1944: Lager für jüdische Häftlinge, vor allem Frauen aus Ungarn, in der Lagersprache «Mexiko» bei denen auch Frauen und Kinder zu den Opfern gehören, würden selbst SS-Männer auf die Dauer zu sehr belasten! So wird Giftgas als Tötungsmethode favorisiert: «Eichmann machte mich bekannt mit der Tötung durch die Motoren-Abgase in Lastwagen, wie sie bisher im Osten durchgeführt wurde. Das käme aber für die zu erwartenden Massen-Transporte in Auschwitz nicht in Frage. Die Tötung durch Kohlenoxyd-Gas, durch Brausen in einem Baderaum, wie die Vernichtung der Geisteskranken an einigen Stellen im Reich durchgeführt wurde, erfordere zuviel Baulichkeit, auch wäre die Beschaffung des Gases für die großen Massen sehr problematisch. Wir kamen in dieser Frage zu keinem Entscheid.»[70]

Ende August 1941:
Höß fährt zu Eichmann nach Berlin, um mit ihm technische Fragen der Massenvernichtung zu erörtern. Während seiner Abwesenheit verwendet SS-Hauptsturmführer Karl Fritzsch das Gas Zyklon B, «das zur Ungeziefervertilgung im Lager laufend gebraucht wurde» (so Höß), zur Ermordung einer größeren Zahl sowjetischer Kriegsgefangener in einer Gefängniszelle. Ein brauchbarer Weg zur Massenvernichtung scheint damit gefunden zu sein. Als Höß nach Auschwitz zurückgekehrt ist, beschließt die Lagerleitung, solche Massentötungen im Keller des Gefängnisblocks (Block 11) zu wiederholen.

3. September 1941:
Etwa 250 vom Lagerarzt Dr. Siegfried Schwela[71] aus dem Lagerkrankenhaus ausgesonderte Häftlinge und rund 600 sowjetische Kriegsgefangene werden in den Arrestzellen im Keller von Block 11 mit Zyklon B ermordet. «Ich selbst habe mir die Tötung, durch eine Gasmaske geschützt, angesehen. Der Tod erfolgte in den vollgepropften Zellen sofort nach Einwurf. Nur ein kurzes, fast schon ersticktes Schreien und schon war alles vorüber», schrieb Rudolf

Höß im Rückblick – und beschönigt damit die Tatsachen. Denn am Morgen des 4. September stellt Rapportführer Gerhard Palitzsch, als er, eine Gasmaske tragend, die Zellentüre öffnet, fest, dass einige Gefangene überlebt haben. Die Türen werden wieder verschlossen und abermals Zyklon B eingeschüttet, bis niemand mehr am Leben ist.[72] Die Leichen werden in der Nacht ins Krematorium gebracht und dort verbrannt, was mehrere Tage dauert.

Vermutlich 16. September 1941:
Weitere 900 sowjetische Kriegsgefangene werden in der fortan als Gaskammer genutzten Leichenhalle des Krematoriums im Stammlager Auschwitz ermordet. Sie wird künftig als «Krematorium I» bezeichnet.

Herbst 1941:
Bevor 1942 in Auschwitz-Birkenau die systematische Judenvernichtung beginnt, sind der Herbst 1941 und der Winter 1941/42 geprägt vom schrecklichen Schicksal der sowjetischen Kriegsgefangenen. Am 7. Oktober werden 2014, am 9. Oktober nochmals 2145 Gefangene nach Auschwitz eingeliefert, wo sie sofort mit dem Bau eines neuen Lagers (später «Auschwitz II» genannt) in Birkenau beginnen müssen. Am 19. Oktober kommen noch 1955 weitere Gefangene, am 20. Oktober 986 und am 25. 1908 Gefangene hinzu. Von diesen 9008 Menschen kommen bis zum Monatsende 1255 ums Leben – erschlagen, erschossen, mit Phenolinjektionen im Lazarett getötet … Im November 1941 werden in das Totenbuch der sowjetischen Kriegsgefangenen die folgenden Zahlen eingetragen: 1. November: 235 Tote; 2. November: 213 Tote; 3. November: 278 Tote; 5. November: 122 Tote; 6. November: 52 Tote; 7. November: 140 Tote; 8. November: 85 Tote; 9. November: 91 Tote; 10. November: 75 Tote … Binnen zehn Tagen sind also 1251 Menschen gestorben, sei es an Auszehrung und Erschöpfung, sei es durch brutalen Mord.

11. November 1941:
Am polnischen Nationalfeiertag werden im Hof von Block 11 im Stammlager 151 polnische Häftlinge durch SS-Scharführer Palitzsch mit Genickschuss aus einer Kleinkaliberwaffe getötet.

19. November 1941:
Ein Monteur der Firma Topf und Söhne trifft in Auschwitz ein, um das Fundament für einen dritten Einäscherungsofen im Krematorium I zu legen und die beiden vorhandenen Öfen zu reparieren. Während dieser Zeit werden die Leichen der toten Häftlinge auf dem Terrain von Birkenau in Massengräbern verscharrt. Mit dem Datum des 10. Dezember 1942 berechnet die Firma Topf und Söhne für die Montage dieses dritten Ofens 7300 Reichsmark und bittet um Vorauszahlung der Hälfte dieser Summe; die beiden bereits vorhandenen Öfen werden am 8. Januar 1942 mit 25 000 RM vergütet.

31. Dezember 1941:
Das Stammlager Auschwitz ist mit 11 500 Häftlingen belegt, unter ihnen eine nicht genau bekannte Zahl sowjetischer Kriegsgefangener.

20. Januar 1942:
Die sogenannte Wannsee-Konferenz, von Adolf Eichmann inhaltlich vorbereitet und von Reinhard Heydrich geleitet, beschließt die «Endlösung der Judenfrage», wobei es sich allerdings um Beschlüsse zur organisatorischen und technischen Umsetzung eines dem Inhalt nach längst vereinbarten Projekts handelt. In Auschwitz entwirft zur selben Zeit die zentrale Bauleitung die Pläne für jene Gaskammern und Krematorien, die 1942/43 in Auschwitz-Birkenau errichtet werden.

Ankunft und «Selektion» ungarischer Juden im Vernichtungslager.

15. Februar 1942:
Der erste zur Vernichtung bestimmte Transport mit Juden kommt in Auschwitz an. Eine nicht genau bekannte Zahl von Menschen wird in den Gaskammern des Krematoriums I im Stammlager Auschwitz durch Einwurf von Zyklon B ermordet. Die Leichen werden verbrannt.

20. März 1942:
Ein zu einer provisorischen Gaskammer umgebautes ehemaliges Gehöft, der «Bunker Nr. 1» (wegen seiner unverputzten Ziegelwände auch «rotes Häuschen» genannt), wird in Auschwitz-Birkenau in Betrieb genommen.[73] Die ersten dort ermordeten Opfer stammen aus von der Gestapo organisierten Transporten mit polnischen Juden aus Oberschlesien. Ein Mitglied der SS-Wach-

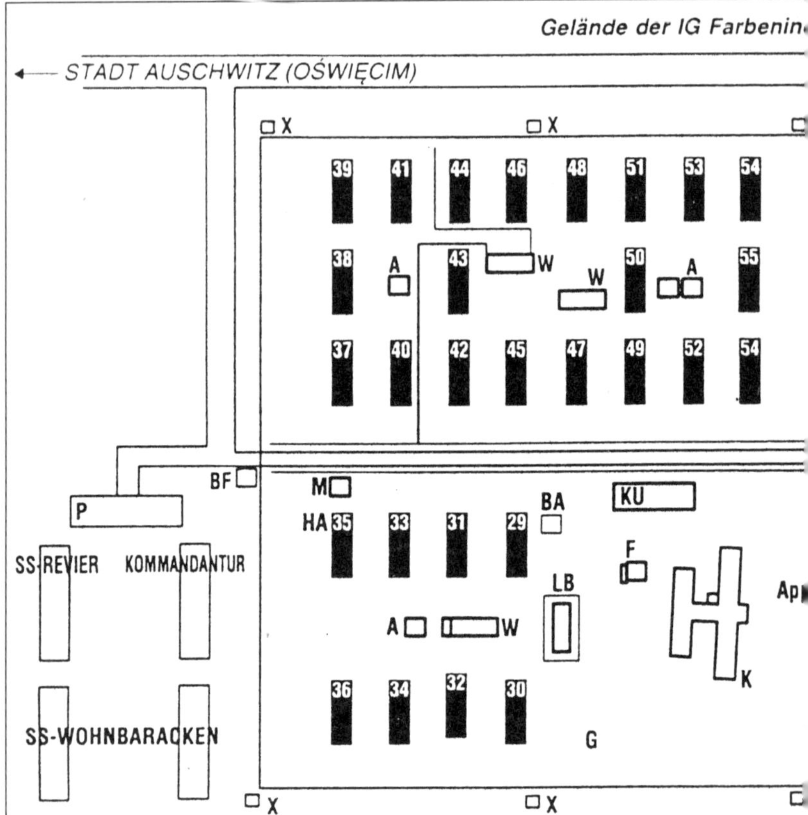

DAS NEBENLAGER MONOWITZ (BUNA) – Ende 1944

- **A** Latrinenbaracken
- **B** Bunker und Arrestzellen
- **BA** Feuerlöschbecken
- **BF** Blockführerstube
- **E** Elektro- und Schlosserwerksatt
- **G** Gärtnerei
- **HA** Häftlings-Arbeitseinsatz
- **K** Häftlingsküche
- **KD** Entwesungskammer
- **KO** Zentralheizungskessel
- **KU** Schmiede
- **LB** Lagerbordell
- **Ł** «Sauna» (Bad) für Kranke aus dem HKB und Leichenhalle
- **M** Baracke des Häftlingsorchesters
- **N** Zelte, in denen Häftlinge bei Überfüllung der Unterkunftsbaracken untergebracht wurden
- **P** SS-Bereitschaft
- **S** Ställe
- **U** Provisorische Waschmöglichkeit für die in den Zelten untergebrachten Häftlinge
- **W** Waschbaracken
- **X** Wachtürme
- **Y** Standort des transportablen Galgens

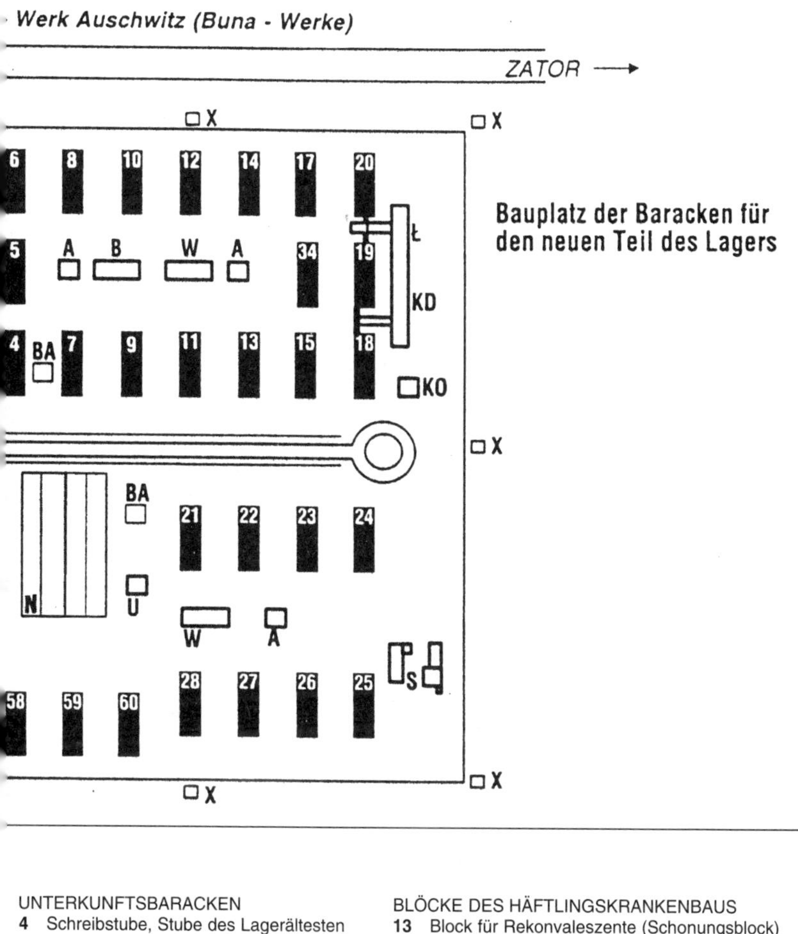

UNTERKUNFTSBARACKEN
- **4** Schreibstube, Stube des Lagerältesten und Schlafraum der Häftlinge der «besseren» Arbeitskommandos
- **11** Lagerkantine und Raum der Häftlinge des Häftlingsorchesters
- **-41** Lagerabschnitt für die Erziehungshäftlinge
- **41** Ambulatorium und Ausgangsquarantäne für die Erziehungshäftlinge
- **54** Bekleidungsmagazin

BLÖCKE DES HÄFTLINGSKRANKENBAUS
- **13** Block für Rekonvaleszente (Schonungsblock)
- **14** Chirurgische Abteilung II
- **15** Innere Abteilung III und Zahnstation
- **16** Chirurgische Abteilung I
- **17** Innere Abteilung
- **18** Ambulatorium und Häftlingskrankenbau – Schreibstube
- **19** Innere Abteilung I
- **20** Infektionsabteilung
- **22** Block für Rekonvaleszente (Schonungsblock)

Bearbeitung: © Piotr Setkiewicz
Graphische Darstellung: © Pavel Warchol

mannschaft sagt später darüber aus: «Anschließend kam ein SS-Mann, ich glaube, es war ein Rottenführer, zu unserem Sanka und holte eine Gasbüchse heraus. Mit dieser Büchse ging er zu einer Leiter, die vom Tor aus gesehen an der rechten Seite des Gebäudes stand. Dabei bemerkte ich, daß er beim Besteigen der Leiter eine Gasmaske aufhatte. Als er am Ende der Leiter angekommen war, öffnete er eine kreisrunde Blechklappe und schüttete den Inhalt der Büchse in die Öffnung. Ich hörte noch deutlich das Klappern der Büchse gegen die Mauer, als er beim Ausschütten dagegenstieß. Gleichzeitig sah ich, daß ein bräunlicher Staub aus der Maueröffnung hochstieg... Als er das Türchen wieder geschlossen hatte, setzte ein unbeschreibliches Schreien in dem Raum ein. Ich kann einfach nicht beschreiben, wie diese Menschen geschrien haben. Es dauerte etwa 8–10 Minuten, und dann war alles still. Kurze Zeit später wurde das Tor von Häftlingen geöffnet, und man konnte noch einen bläulichen Nebel über einem riesigen Knäuel Leichen schweben sehen. Die Leichen waren derart ineinander verkrampft, daß man nicht erkennen konnte, zu wem die einzelnen Gliedmaßen und Körperteile gehörten...»[74]

26. März 1942:
Ein erster Transport mit 999 weiblichen Häftlingen («Kriminelle und Asoziale») trifft aus dem KZ Ravensbrück ein. Die Frauen werden als Funktionshäftlinge im Stammlager und später im Frauenlager Auschwitz-Birkenau eingesetzt.

30. März 1942:
Der erste Judentransport aus dem Lager Compiègne in Frankreich trifft in Auschwitz ein. 1112 Häftlinge erhalten die Nummern 27533 bis 28644. Fortan trifft ein französischer Transport nach dem anderen in Auschwitz ein: so etwa im Juni 1942 aus Compiègne am 7., aus Drancy am 24., aus Pithiviers am 27. und aus Beaune la Rolande am 30. Juni.

Bei der «Selektion» auf der Rampe von Auschwitz-Birkenau.

4. Juli 1942:
Die Leitung des KZ Auschwitz ersinnt das Verfahren der «Selektion an der Rampe». Aus einem Transport mit Juden aus der Slowakei – er dürfte rund 1000 Menschen umfasst haben – werden 264 Männer und 108 Frauen als arbeitsfähig ausgesondert (nur sie erhalten dann auch die eintätowierten Häftlingsnummern!); die anderen, unter anderem Schwangere, Kinder unter 14 Jahren, Kranke und Greise, werden in die Gaskammern gebracht und ermordet. Die Selektion wird von einem SS-Arzt durchgeführt, nachdem sich die Ankömmlinge getrennt nach Männern und Frauen neben den Bahngeleisen hatten aufstellen müssen.

17. Juli 1942:
Heinrich Himmler besucht zum zweiten Mal das KZ Auschwitz. An diesem Tag sind zwei Transporte mit 1135 bzw. 895 Deportierten aus den Niederlanden angekommen. Himmler beobachtet persönlich die Selektion von 397 Frauen und 52 Männern, die in der Gaskammer von Bunker Nr. 2 ermordet werden. Am Abend gibt Gauleiter Fritz Bracht[75] in Kattowitz einen Empfang für den Reichsführer SS.

2. September 1942:
Der vor vier Tagen aus Münster eingetroffene Arzt Dr. Dr. Johann Paul Kremer[76] nimmt erstmals an einer Selektion an der Rampe teil. Es handelt sich um den 26. Transport aus Frankreich, der Juden aus Drancy – 545 Männer und 455 Frauen – nach Auschwitz bringt. 761 dieser Menschen werden sofort in die Gaskammer geschickt. Kremer notiert in seinem Tagebuch: «Im Vergleich hierzu erscheint mir das Dante'sche Inferno fast wie eine Komödie. Umsonst wird Auschwitz nicht das Lager der Vernichtung genannt!» Freilich verzeichnet Kremer, nachdem er drei Tage später, am Samstag, den 5. September, nochmals an einer solchen Selektion teilgenommen hat (661 Menschen werden in die Gaskammer geschickt), in seinem Tagebuch für den Folgetag einen gesunden Appetit: «Heute Sonntag ausgezeichnetes Mittagessen: Tomatensuppe, ½ Huhn mit Kartoffeln u. Rotkohl (20 g Fett), Süßspeise und herrliches Vanilleeis.»[77]

30. Januar 1943:
Genau zehn Jahre nach der «Machtergreifung» Hitlers treffen 1000 Juden aus Berlin, 1000 Juden aus Theresienstadt und 2612 Juden aus Oranczyce/Weißrussland in Auschwitz ein; von diesen 4612 Menschen werden 3513 in die Gaskammern geschickt. Am nächsten Tag erleiden 5100 Menschen, darunter mindestens 1207 Kinder, dasselbe Schicksal.

4. März 1943:
In Auschwitz-Birkenau werden die Öfen des Krematoriums II in Betrieb genommen. Neun Tage später, am späten Abend des 13. März, werden in der Gaskammer dieses neuen Krematoriums 1500 Männer, Frauen und Kinder aus dem Krakauer Ghetto ermordet. Offiziell wird das Krematorium samt 2000 Menschen fassender Gaskammer erst am 31. März von der Zentralbauleitung der Standortverwaltung übergeben. Eine solche Übergabe ist bereits am 22. März für das Krematorium IV erfolgt, das über drei Gaskammern für 1500, 800 und 150 Menschen verfügte.

20. März 1943:
Der erste Judentransport aus Saloniki mit 2800 Deportierten trifft in Auschwitz ein; ihm folgen weitere Transporte am 24. und am 25. März. Aus ihnen werden insgesamt 6383 Menschen in die Gaskammern geschickt.

4. April 1943:
Das mit Krematorium IV (siehe oben) baugleiche Krematorium V wird der Standortverwaltung übergeben, zweieinhalb Monate später – am 25. Juni – auch Krematorium III (baugleich mit Krematorium II). Voller Stolz meldet SS-Sturmbannführer Karl Bischoff[78], Chef der Zentralbauleitung im KZ Auschwitz, nach Berlin, dass somit in Auschwitz ab sofort 4756 Leichen innerhalb von 24 Stunden eingeäschert werden können.

Herbst 1943:
Die rund 300 Kilometer nordöstlich von Auschwitz gelegenen Vernichtungslager Sobibor und Treblinka stellen ihren Betrieb ein. Auschwitz wird somit zum größten Vernichtungszentrum im nationalsozialistischen Herrschaftsgebiet. Sein Kommandant Rudolf Höß ist stolz auf die Verbesserungen, die er in Auschwitz im Vergleich zu den anderen Vernichtungslagern hatte durchsetzen

können. Der Lagerkommandant von Treblinka, so sagt er vor dem Nürnberger Gerichtshof aus, «wandte Monoxyd-Gas an, und nach seiner Ansicht waren seine Methoden nicht sehr wirksam. Als ich das Vernichtungsgebäude in Auschwitz baute, gebrauchte ich Zyklon B ... Eine andere Verbesserung war, daß wir Gaskammern bauten, die 2000 Menschen auf einmal fassen konnten, während die zehn Gaskammern in Treblinka nur je 200 Menschen faßten.»[79]

22. November 1943:
Rudolf Höß wird an diesem Datum aus bis heute nicht genau bekannten Gründen als Lagerkommandant abberufen – er wird in Berlin Stellvertreter des Inspekteurs der Konzentrationslager, Richard Glücks. Zusammen mit dieser Versetzung wird das Lagergebiet in drei administrativ getrennte Unterbereiche aufgeteilt. Auschwitz I, das bisherige Stammlager, wird jetzt von SS-Obersturmbannführer Arthur Liebehenschel[80] geleitet, auf den im Mai 1944 SS-Sturmbannführer Richard Baer[81] folgt. Kommandant von Auschwitz II, dem Lager Birkenau, wird SS-Obersturmbannführer Friedrich Hartjenstein[82], dem im Mai 1944 SS-Hauptsturmführer Josef Kramer[83] folgt. Nach dessen Abberufung im Dezember 1944 ist Baer für kurze Zeit Kommandant von Auschwitz I und Auschwitz II. Auschwitz III, das industrielle Nebenlagerkonglomerat, dessen größter Komplex Auschwitz-Monowitz mit dem IG Auschwitz-Betrieb ist, untersteht ab November 1943 bis zur Evakuierung von Auschwitz 1945 dem SS-Hauptsturmführer Heinrich Schwarz[84].

25. Dezember 1943:
Die Gesamtbelegung von Auschwitz I, Auschwitz II und Auschwitz III – wie die Lager jetzt offiziell heißen – beläuft sich auf 56 596 Männer und 30 324 Frauen.

19. März 1944:
Ungarn wird von deutschen Truppen besetzt. Jetzt werden auch die bis dato verschonten ungarischen Juden in das Programm der «Endlösung» einbezogen. Ab Mai 1944 werden über 400 000 Juden aus Ungarn nach Auschwitz gebracht und dort fast ausnahmslos ermordet. Um die Selektion zu beschleunigen und den Weg in die Gaskammern zu verkürzen, wird in Birkenau jene dreigleisige Bahnrampe gebaut, die dort noch heute zu sehen ist. «Im Durchschnitt trafen täglich 10 000 Menschen in Birkenau ein», notiert der SS-Mann Pery Broad: «Alle vier Krematorien arbeiteten auf Hochdruck.» Es kommt zu einem Massensterben, «das selbst Auschwitz in dieser Form noch nicht erlebt hatte».[85] Da die Kapazität der Gaskammern und Krematorien für diesen Massenmord nicht ausreicht – nicht zuletzt deshalb, weil immer wieder Reparaturen notwendig sind –, wird auch Bunker Nr. 2, das «weiße Häuschen», wieder in Betrieb genommen.

2. Mai 1944:
Der erste und der zweite Judentransport aus Ungarn treffen in Birkenau ein. Nach der Selektion an der Rampe werden 2698 Menschen in die Gaskammern geschickt.

8. Mai 1944:
Der im November des Vorjahres nach Berlin abberufene ehemalige Lagerkommandant Rudolf Höß kommt nach Auschwitz zurück: Himmler hat ihn zum Bevollmächtigten für die Vernichtung der ungarischen Juden ernannt, weshalb die von Adolf Eichmann minutiös geplante Aktion auch «Aktion Höß» genannt wird. Ab Mitte Mai sollen im Durchschnitt vier Transporte täglich aus Ungarn nach Auschwitz II/Birkenau rollen. Am 26. Mai wird von Fotografen der SS die Ankunft eines solchen Transportes dokumentiert; auf den Fotografien ist unter anderem Lagerarzt Dr. Heinz Thilo[86] bei der Selektion an der Rampe zu sehen.

26. Juni 1944:
Von den Deutschen Ausrüstungswerken erhält die Verwaltung der Krematorien im KZ Auschwitz II/Birkenau vier Siebe zum Durchsieben menschlicher Asche zum Stückpreis von 232.– Reichsmark; am 14. Juli werden vier weitere Siebe bestellt.

11. Juli 1944:
Der deutsche Generalbevollmächtigte in Ungarn, Dr. Edmund Veesenmayer[87], meldet dem Auswärtigen Amt in Berlin, dass bis zum 9. Juli 1944 437 402 Personen aus Ungarn deportiert worden seien.

2. August 1944:
Von den über 4000 «Zigeunern»[88], die sich zu diesem Zeitpunkt in Auschwitz befinden – etwa 3000 von ihnen im «Zigeuner-Familienlager BIIe» in Auschwitz II/Birkenau –, werden am Nachmittag 1408 (918 Männer, 490 Frauen) mit einem Güterzug ins KZ Buchenwald deportiert. Am Abend wird für das KZ Auschwitz II/ Birkenau Lagersperre und für das «Zigeuner-Familienlager» Blocksperre angeordnet. Aus dem von SS-Männern umstellten Lager werden in der Nacht 2897 Männer, Frauen und Kinder in die Gaskammern gebracht und dort ermordet; ihre Leichen werden in großen Gruben im Freien verbrannt, denn die Krematoriumsöfen sind derzeit außer Betrieb, da sie wegen der durch Dauerüberlastung entstandenen Schäden repariert werden müssen.

August/September 1944:
Immer noch treffen aus vielen Ländern Europas Transporte in Auschwitz ein: am 3. August Transport Nr. 77 aus Drancy/Frankreich mit 1300 Juden, von denen nach der Selektion 826 in die Gaskammer geschickt werden; am 16. August ein Transport von der griechischen Insel Rhodos (von 2500 Menschen werden 1900 in der Gaskammer ermordet); am 5. September aus Westerbork/

Heimlich von einem Häftling aufgenommen und der Widerstandsbewegung in Krakau zugänglich gemacht: das Sonderkommando beim Verbrennen von Leichen in einer Grube bei Krematorium V.

Holland (unter den 1019 Deportierten auch das Kind Anne Frank, das später nach Bergen-Belsen gebracht wird und dort am 31. März 1945 stirbt, 549 Menschen werden in die Gaskammern gebracht); am 18. September der letzte Transport aus dem Ghetto von Litzmannstadt/Lodz: Von 2500 Juden, weitaus die meisten von ihnen Kinder, werden 2350 Menschen in den Gaskammern ermordet.

3. November 1944:
Mit dem letzten Transport des Reichssicherheitshauptamtes werden 990 Juden aus dem Lager Sered in der Slowakei nach Auschwitz gebracht und dort ohne Selektion ins Lager eingewiesen. Die Massenvernichtungen durch Giftgas sind vermutlich am Tag zuvor eingestellt worden (mit anderen Gewaltmitteln werden

allerdings noch etliche Menschen ermordet!). Am 25. November beginnt die Demontage der Krematorien, am 26. ordnet Himmler ihre Zerstörung an.

10. November 1944:
Aus dem Lager Auschwitz-Birkenau werden mit einem Bahntransport 300 Jüdinnen in das KZ Groß-Rosen, «Nebenlager Brünnlitz», überstellt. Bei diesem Nebenlager handelt es sich um eine angebliche Fabrik, die der Industrielle Oskar Schindler[89] auf eigene Kosten einrichten ließ, um die dort beschäftigten Jüdinnen und Juden vor dem Tod zu bewahren. Schindlers Rettungsaktion vom November 1944 bleibt einzigartig, sein Wirken wird erst rund 50 Jahre später weltbekannt.

18. Januar 1945:
Aus dem KZ Mauthausen wird Engelbert Marketsch nach Auschwitz eingeliefert und erhält die letzte dort ausgegebene Häftlingsnummer, die Nr. 202 499. Von den noch in Auschwitz I, II und III befindlichen Häftlingen werden rund 60 000 zusammengetrieben und zu langen Fußmärschen gezwungen, bis sie nach einigen Tagen mit Güterzügen in weiter westlich gelegene Lager abtransportiert werden. Etwa 10 000 Häftlinge kommen bei diesen Evakuierungsmärschen ums Leben.

27. Januar 1945:
Um neun Uhr morgens erscheint der erste sowjetische Soldat auf dem KZ-Gelände – Auschwitz ist befreit. Die Rote Armee findet noch etwa 7000 kranke und entkräftete Häftlinge vor, von denen rund 1000 in den nächsten Tagen und Wochen sterben werden.

Die Opfer

Wie die ersten Eintragungen der obigen Chronologie deutlich gemacht haben, diente der Lagerkomplex Auschwitz zunächst als Terrormaschine, die gegen die Bevölkerung des besiegten Polen eingesetzt wurde. Auch wenn der nationalsozialistische Terror von der Nachwelt heute vor allem mit dem Massenmord an Millionen jüdischen Menschen identifiziert wird, darf nicht vergessen werden, dass das polnische Volk während der Jahre 1939 bis 1945 insgesamt ein Fünftel seiner Bevölkerung verlor, 6 028 000 Menschen. Nur ein Zehntel der Toten, 644 000 Menschen, können als Kriegsopfer im herkömmlichen Sinn bezeichnet werden: als Soldaten, die auf dem Schlachtfeld ihr Leben verloren haben. Fast 5 400 000 Menschen wurden durch die Terrormaßnahmen der deutschen Besatzungsmacht ermordet – in den Gefängnissen, Konzentrationslagern und Ghettos, bei «Befriedungsmaßnahmen» oder bei der Partisanenbekämpfung. Etwa die Hälfte dieser Toten waren polnische Staatsbürger jüdischer Herkunft.

Nach dem deutschen Überfall auf die Sowjetunion am 22. Juni 1941 wurden auch sowjetische Kriegsgefangene nach Auschwitz gebracht und dort zu Tausenden ermordet: Von mindestens 13 000 Bürgern der Sowjetunion, die seit Kriegsbeginn nach Auschwitz eingeliefert worden waren, waren beim letzten Zählappell auf dem Lagergelände nur noch 92 am Leben …

Die jüdischen Menschen aus der sowjetischen Zivilbevölkerung wurden insbesondere durch die Tätigkeit der sogenannten Einsatzgruppen und durch die oben kurz beschriebene «Aktion Reinhardt» blutig terrorisiert, doch gelangten auch aus der Sowjetunion Züge mit jüdischen Menschen nach Auschwitz. Vor allem aber kamen dort – wie oben geschildert – Transporte aus den von deutschen Truppen besetzten Ländern Europas an: ab März 1942 aus Frankreich und aus der Slowakei, ab Juli 1942 aus den Niederlanden, ab August 1942 aus Belgien und Jugoslawien, ab März 1943 aus Griechenland, ab Oktober 1943 aus Italien, ab Mai 1944 aus Ungarn.

Am 29. Januar 1943 hatte das Reichssicherheitshauptamt auch die Deportation von «Zigeunern und Zigeunermischlingen» angeordnet; wie es in dem entsprechenden Erlass hieß, erfolgte die Einweisung «ohne Rücksicht auf den Mischlingsgrad familienweise in das Konzentrationslager (Zigeunerlager) Auschwitz». Der erste «Zigeunertransport» kam dort am 26. Februar 1943 an. Die Hauptbücher, die die Lagerverwaltung für dieses damals noch nicht fertiggestellte «Zigeuner-Familienlager» im Lagerabschnitt BIIe von Auschwitz II/Birkenau angelegt hatte, wurden nach Geschlechtern getrennt geführt und registrierten für Männer die Nummern 1 bis 10 097 und die Nummern 1 bis 10 849 für Frauen, umfassten also insgesamt 20 946 Personen.[90]

Wie bereits erwähnt, wurde am 20. Mai 1940 die Häftlingsnummer 1, am 18. Januar 1945 die Nummer 202 499 als letzte Häftlingsnummer ausgegeben. Jene Menschen, die aus den Zügen direkt in die Gaskammern getrieben wurden (wie auch kleine Gruppen polnischer Zivilisten, die die SS direkt nach Birkenau brachte), sind zahlenmäßig nicht in dieser Form registriert worden – ihre exakte Anzahl kann deshalb nicht mehr ermittelt werden.

Beim letzten Zählappell, der in Auschwitz noch durchgeführt wurde, am 17. Januar 1945, zählte man in Auschwitz I und II (Stammlager und Birkenau) insgesamt 31 894 Inhaftierte (15 317 Männer und 16 577 Frauen) und in Auschwitz III (Monowitz und 23 Nebenlager) 35 118 Häftlinge, darunter 2095 Frauen. Die Zahl der 15 317 männlichen Häftlinge in Auschwitz-Stammlager und in Auschwitz-Birkenau kann allerdings genauer aufgeschlüsselt werden. Es handelte sich um bei ihnen um 11 102 jüdische Gefangene, die somit an diesem Tag 72 Prozent der männlichen Häftlinge stellten (3212 aus Polen, 3116 aus Ungarn, 1159 aus Frankreich, 616 aus den Niederlanden, 541 aus der Slowakei, 536 aus der Tschechei, 358 aus Griechenland, 269 aus dem Deutschen Reich, 268 aus Belgien, 111 aus Italien, 28 aus Kroatien und 888 Männer anderer Staatsangehörigkeit). Bei den restlichen 4215 Männern handelte es sich um 1699 Reichsdeutsche, 1208 Polen, 396 Franzosen, 339 Sowjetbürger sowie 92 gesondert gezählte sowjetische Kriegsgefangene, 140 Jugoslawen, 81 Niederländer, 37 Belgier und 24 Tschechen – der Rest war verschiedenster, zum Teil unbekannter Herkunft oder «staatenlos».

Die Zahl der in Auschwitz ermordeten Menschen kann nicht mit solcher Exaktheit angegeben werden wie die der Häftlinge, doch dürften die Zahlenverhältnisse ähnlich sein. Es handelte sich wohl um weit über eine Million Todesopfer, darunter mindestens 900 000 Juden, 70 000 Polen nichtjüdischer Herkunft, 21 000 «Zigeuner» und 13 000 sowjetische Kriegsgefangene.

In den Sechzigerjahren waren auf dem Gelände von Birkenau zunächst Gedenktafeln angebracht worden, auf denen, dem damaligen Kenntnisstand entsprechend, von vier Millionen Opfern die Rede war. Diese Einschätzung hatte sich aber als unzutreffend erwiesen, weshalb die Museumsleitung jene Tafeln 1990 wieder entfernen ließ. 1993 wurde für Auschwitz-Birkenau eine neue Gedenkplatte für ein Mahnmal gefertigt, das jetzt am Ende der einstigen Eisenbahnrampe steht. Darauf heißt es in Hebräisch, Polnisch, Jiddisch und in 17 anderen Sprachen:

«Dieser Ort sei allzeit ein Aufschrei der Verzweiflung und Mahnung an die Menschheit. Hier ermordeten die Nazis über anderthalb Millionen Männer, Frauen und Kinder. Die meisten waren Juden aus verschiedenen Ländern Europas. Auschwitz-Birkenau 1940–1945».

Unter den Tätern von Auschwitz fällt eine Person ganz besonders auf: Rudolf Höß, SS-Obersturmbannführer, geboren 1900 in Baden-Baden. Nach strenger Erziehung in einem katholischen Elternhaus kämpft er im Ersten Weltkrieg als fünfzehnjähriger Kriegsfreiwilliger in der Türkei; später, in der Weimarer Zeit, ist er an Freikorpskämpfen im Baltikum beteiligt. Wegen der Teilnahme an einem Fememord 1923 – im Jahr des Münchner «Hitlerputschs» – zu zehn Jahren Zuchthaus verurteilt, wird er im Zuge einer Amnestie vorzeitig aus der Haft entlassen. Ab 1933 SS-Anwärter, wird er 1934 SS-Mitglied und tut im KZ Dachau Dienst. 1940 wird er von Himmler zum Kommandanten in Auschwitz ernannt. Als Zeuge bei den Nürnberger Prozessen, aber auch als Angeklagter vor einem polnischen Gericht sagt er bereitwillig zur Sache wie zur eigenen Person aus. Nach dem Willen Himmlers, so Höß, wurde Auschwitz zur größten Menschenvernichtungsanlage aller Zeiten: «Als er mir im Sommer 1941 persönlich den Befehl erteilte, in Auschwitz einen Platz zur Massenvernichtung vorzubereiten und diese Vernichtung durchzuführen, konnte ich mir nicht die geringsten Vorstellungen über die Ausmaße und die Auswirkungen machen. Wohl war dieser Befehl etwas Ungewöhnliches, Ungeheuerliches. Doch die Begründung ließ mich (sic!) diesen Vernichtungsvorgang richtig erscheinen. Ich stellte damals keine Überlegungen an – ich hatte den Befehl bekommen und hatte ihn durchzuführen.»

Diese ungewöhnliche Gehorsamsbereitschaft eines Mannes, dessen persönlicher Fanatismus eher gering ausgeprägt gewesen ist (jedenfalls für nationalsozialistische Verhältnisse!), hat immer wieder zu Interpretationen herausgefordert, die freilich sämtlich Interpretations*versuche* bleiben.[91] Ich werde im Epilog dieses Buches noch einmal auf das Thema Gehorsam zurückkommen.

«Rudolf Höß wohnte mit seiner Frau Hedwig und den zunächst vier Kindern (ein fünftes kam 1943 zur Welt) nur gut hundert Meter außerhalb des Lagergeländes in einem Haus, das dem polnischen Verwalter des einstigen Militärstandortes gehört hatte. In der Hierarchie der SS-Siedlung die ‹erste Familie› am Ort, lebten die Höß' in überaus angenehmen Verhältnissen. Von der wirtschaftlichen Not der Region waren sie nicht betroffen, denn der Kommandant bediente sich in den Magazinen des Konzentrationslagers – heimlich und ohne zu bezahlen.»[92]

Die SS-Siedlung in Auschwitz war zu einem eigenen Stadtviertel herangewachsen. Es gab dort ein Kaffeehaus, eine Bibliothek und ein Schwimmbad. Ein reichhaltiges Kulturangebot sollte die SS-Angehörigen unterhalten – so fanden im Theatergebäude auf dem Lagergelände alle zwei bis drei Wochen Veranstaltungen statt, für die die Kommandantur eigens einen Konzertflügel angeschafft hatte. Das «Deutsche Haus», direkt gegenüber dem Bahnhof gelegen, war bei den SS-Männern sehr beliebt; neben der Funktion als Gasthaus diente es auch als Hotel für auswärtige Gäste des Kommandanten. Im oberen Stockwerk ließ sich Heinrich Himmler eine eigene Wohnung einrichten, die er allerdings nie bezog.

Die Organisationsstruktur im KZ Auschwitz orientierte sich, wie in anderen Konzentrationslagern auch, am ersten deutschen KZ in Dachau, in dem ja auch Höß Dienst getan hatte. Die Lagerverwaltung war in sieben mit römischen Ziffern bezeichnete Abteilungen gegliedert – Abteilung I zum Beispiel war die Kommandantur, zu der die Rechtsabteilung ebenso zählte wie die Poststelle, Abteilung II die Politische Abteilung (ihr Leiter wurde direkt vom Reichssicherheitshauptamt ernannt), Abteilung V die des Standortarztes, untergliedert in die Bereiche «ärztliche Versorgung» (der auch die Selektionen an der Rampe von Birkenau oblagen), die zahnmedizinische Station und die Lagerapotheke.

Kurz vor der Lagerräumung, am 15. Januar 1945, hatte die Stärke der SS-Besatzung ihren Höchststand erreicht und belief sich auf 4481 Männer und 71 Frauen. Die Fluktuation war erheblich – insgesamt haben 1940 bis 1945 wohl etwa 7000 SS-Männer und 200 Frauen in Auschwitz ihren Dienst verrichtet. Von 6161 Angehörigen der Lagerbesatzung sind Daten verfügbar, von 3447 ist das Geburtsdatum bekannt. Daraus ergibt sich, «daß drei Viertel der Besatzung unter 40 Jahre, die Hälfte unter 35 Jahre, ein knappes Drittel unter 30 Jahre und ein gutes Fünftel unter 25 Jahre alt war – eine auffallend junge Mannschaft».[93] Beruflicher Status und Bildungsniveau dieser jugendlichen Mannschaft waren eher niedrig, ihre Zusammensetzung der Herkunft nach durchaus international. Nach 1940 nahm der Anteil an «Volksdeutschen», das heißt an deutschen Staatsbürgern aus den vom Dritten Reich besetzten Staaten (etwa Polen, Tschechoslowakei, Ungarn, Lettland, Estland, Litauen, Jugoslawien, Rumänien, Ungarn), fortdauernd zu. SS-Männer aus Belgien oder Frankreich finden sich unter der Lagermannschaft von Auschwitz nicht.

Der einstige Kommandant Rudolf Höß wurde in Polen am 2. April 1947 zum Tode verurteilt und am 16. April auf dem ehemaligen Lagergelände, in Sichtweite der ersten von ihm eingerichteten Gaskammer, durch den Strang hingerichtet.

Von den anderen rund 6500 SS-Männern, die in Auschwitz Dienst getan und den Krieg überlebt haben, sind in der Bundesrepublik Deutschland bis zum Januar 2015 (in dem sich die Befreiung von Auschwitz zum siebzigsten Male jährte) 29 rechtskräftig verurteilt worden – nicht einmal ein halbes Prozent.[94] An dieser verheerenden Bilanz kann auch der am 21. April 2015 begonnene Prozess gegen den in Auschwitz stationierten, bei Prozessbeginn 93 Jahre alten ehemaligen SS-Unterscharführer Oskar Gröning nichts mehr ändern, dem die Anklage Beihilfe zum Mord in mindestens 300 000 Fällen vorgeworfen hat. Am 15. Juli 2015 wurde Gröning zu vier Jahren Gefängnis verurteilt (das Urteil war bei Abschluss des Manuskripts noch nicht rechtskräftig).

Das Zyklon B

Wie bereits an anderer Stelle geschildert, wurden die Opfer der Aktion «T4» mit Kohlenmonoxid aus industriell befüllten Gasflaschen ermordet; in einigen Vernichtungslagern benutzte die SS für ihr Vernichtungsprogramm ebenfalls Kohlenmonoxid, das hier allerdings aus den Abgasen von Verbrennungsmotoren stammte. In Auschwitz und an einigen anderen Orten – etwa in den Konzentrationslagern Mauthausen und Lublin/Majdanek – wurde hingegen Zyklon B für den Massenmord verwendet. Da der Einsatz dieses Schädlingsbekämpfungsmittels zur gezielten Menschenvernichtung häufig den wichtigsten Ansatzpunkt für die Argumentation vieler Auschwitzleugner bildet, soll er an dieser Stelle etwas genauer betrachtet werden.[95]

Der tödliche Bestandteil des Zyklon B ist der Giftstoff Blausäure, chemisch Cyanwasserstoff genannt (Formel HCN). Sie hat ihren Namen deshalb erhalten, weil sie aus dem Eisenpigment Eisencyanblau (FeCn) gewonnen werden kann, das auch «Berliner Blau» (oder Miloriblau, Turnbulls Blau etc.) genannt wird.[96] Blausäure ist trotz ihres Namens normalerweise farblos und flüssig, ihr Siedepunkt liegt bei 25,7 Grad Celsius. Aber schon bei geringeren Temperaturen beginnt Blausäure zu verdunsten.

Für die Produktion jenes Mittels, das den Namen Zyklon B trug, wurde Blausäure auf ein poröses und damit sehr saugfähiges Trägermaterial, nämlich Kieselgur-Körnchen, aufgetropft. So entstand ein blausäurehaltiges Granulat. Dieses Verfahren hatte kurz nach dem Ersten Weltkrieg der deutsche Chemiker Walter Heerdt[97] erfunden. Zuvor musste Blausäure in einem aufwendigen und komplizierten «Bottichverfahren» gewonnen werden, das Heerdt durch seine Neuerung ersetzen wollte.[98] Am 27. Dezember 1926 erteilte das Reichspatentamt rückwirkend zum Jahr 1922 ein Patent für Zyklon B an die Deutsche Gesellschaft für Schädlingsbekämpfung (DEGESCH), worin Heerdt als Erfinder ge-

500-g-Dose Zyklon B mit Kieselgur-Körnchen, um den flüssigen Zyanwasserstoff zu absorbieren.

nannt wurde. Die DEGESCH ließ das Schädlingsbekämpfungsmittel in den Dessauer Zuckerwerken herstellen; östlich der Elbe wurde es von der Firma TESTA (Tesch und Stabenow), westlich der Elbe von der Firma HELI (Heerdt und Lingler) vertrieben. Die Lieferung des blausäurehaltigen Granulats erfolgte in Blechdosen, auf deren Etiketten nur «Zyklon» vermerkt war. Diese Dosen waren starkwandig, denn sie mussten einem erheblichen Innendruck standhalten, da die Blausäure ja schon bei Temperaturen unter 25 Grad Celsius auszugasen beginnt; sie konnten nur mit einem speziellen Schlageisen geöffnet werden. Neben der an Kieselgurgranulat gebundenen Blausäure wurde dem Doseninhalt noch ein stark reizender Warnstoff (z. B. Chlorkohlensäureethylester) beigegeben, der dem Benutzer signalisieren sollte: «Vorsicht, Blausäure im Raum!» – fehlte er, wurde auf dem Etikett «Vorsicht, ohne Warnstoff!» vermerkt. Diese Dosen gab es in verschiedenen Größen; gängig waren solche mit einem Inhalt von 1,2 oder 1,5 Kilogramm reiner, vom Granulat aufgesogener Blausäure, wobei das Gesamtgewicht des in der Dose enthaltenen Zyklon B dann in etwa das Dreifache betrug.

Aus diesen Dosen wurde das Zyklon B von SS-Männern durch spezielle Öffnungen in die Gaskammern von Auschwitz eingeschüttet. Die Gaskammern der Krematorien II und III (also jene Kammern, in denen die meisten Opfer ermordet wurden) wiesen auf ihrem begehbaren Dach jeweils vier solche Öffnungen auf. Sie maßen 30x7 Meter bei 2,41 Meter Raumhöhe. Wurde der Inhalt von vier der oben beschriebenen 1,2-Kilo-Dosen Zyklon B in sie hineingeschüttet, stellte sich binnen recht kurzer Zeit – denn infolge der dicht hineingepferchten, an Todesangst leidenden Menschen in den Gaskammern herrschte dort eine hohe Raumtemperatur – eine Konzentration von rund zehn Gramm Blausäure pro Kubikmeter Luft ein: ein Wert, den kein Mensch überleben kann. Wahrscheinlich ist, dass die Menschen in den Gaskammern von Auschwitz binnen zehn bis 15 Minuten starben. Durch Zeugenaussagen ist vielfach belegt, dass der Massenmord meist nach etwa 20 Minuten durch Einschalten der Belüftungsanlage beendet wurde und dass zu diesem Zeitpunkt in der Gaskammer niemand mehr am Leben war – anders als bei jener frühen Vergasungsaktion am 3. September 1941 (siehe oben), bei der offenkundig nicht genug Blausäure eingeschüttet worden war.

Zyklon B wirkt tödlich, weil durch die Cyanidionen der in den Körper aufgenommenen Blausäure die Zellatmung aussetzt – es führt so zur «inneren Erstickung». Es blockiert nämlich den Elektronentransport in der Zelle, unterbindet die Nutzung des von der Zelle aufgenommenen Sauerstoffs und verhindert die Bildung von ATP (= Adenosin-Tri-Phosphat), dem «Energieträger» in der Zelle. Die Symptome der Cyanidvergiftung sind abhängig von der Dosis: zunächst Übelkeit und Erbrechen, Verwirrung und Angst, Schwächeanfälle und Kopfschmerz, unregelmäßige

Atmung, Herzrhythmusstörungen – und schließlich Schweißausbrüche, Krämpfe, unkontrollierbarer Abgang von Harn und Stuhl, zuletzt Bewusstlosigkeit und Atemstillstand. Einige Opfer in den Gaskammern wurden, je nach der persönlichen Widerstandskraft und der Entfernung von den Einfüllstutzen für das Gift – langsamer vergiftet als andere und mussten daher längere Qualen leiden, das Miterleben des Todeskampfes der anderen Todeskandidaten inbegriffen. Der Vergiftungsprozess konnte also, wie schon erwähnt, schreckliche fünf, zehn oder sogar fünfzehn Minuten dauern. Aus diesem Grund hat das Landgericht Frankfurt am Main im großen Auschwitz-Prozess die Gaskammermorde auch sehr zu Recht als «grausam» eingestuft (siehe unten, S. 75).

Die medizinischen Experimente von Auschwitz

Im KZ Auschwitz wurde an den wehrlosen Häftlingen eine Fülle teilweise außerordentlich grausamer medizinischer Experimente durchgeführt, die seither traurige Bekanntheit erlangt haben.

So fand am 8. Juli 1942 beim Reichsführer SS, Heinrich Himmler, eine Unterredung statt, an der neben Himmler selbst und dem Inspekteur der Konzentrationslager Richard Glücks auch die Mediziner Dr. Karl Gebhardt (Orthopäde) und Dr. Carl Clauberg (Gynäkologe) teilgenommen haben. Himmlers persönlicher Referent Rudolf Brandt[99] hielt in einem Dienstvermerk fest:

> «Inhalt dieser Rücksprache war die Sterilisierung von Jüdinnen, die sich in Konzentrationslagern befinden, in großem Umfang. Es wurde besprochen, daß Professor Clauberg das Lager Auschwitz als Versuchsstation zur Verfügung gestellt bekommt… Insgesamt ist der Reichsführer SS damit einverstanden, daß Professor Clauberg

Carl Clauberg freut sich über seinen Geburtstagskuchen.

für sämtliche Versuche, die er zu machen gedenkt, das entsprechende Material zur Verfügung gestellt bekommt.»

Aus Berlin erging ein entsprechender Befehl nach Auschwitz, wo Clauberg[100] im Dezember 1942 eintraf. Im April 1943 wurde ihm im Stammlager Auschwitz I Block 10 zur Verfügung gestellt. Claubergs Versuche bestanden im Wesentlichen im Einspritzen einer ätzenden Flüssigkeit (es handelte sich um eine Formalinlösung) in die Gebärmutter weiblicher Häftlinge – selbstverständlich ohne Betäubung. Eine Frau aus der Tschechei berichtete später:

«Dr. Clauberg gab mir eine Spritze in den Unterleib. Ich hatte das Gefühl, mein Bauch würde vor Schmerzen platzen. Ich begann zu schreien, daß ich im ganzen Block gehört werden konnte.

Dr. Clauberg herrschte mich an, sofort mit dem Schreien aufzuhören, sonst käme ich gleich zurück ins Konzentrationslager nach Birkenau …»

Carl Clauberg ist nicht der einzige Arzt gewesen, der sich von Experimenten an wehrlosen Häftlingen wissenschaftlichen «Fortschritt» versprochen hat. Auf einem ähnlichen Gebiet wie der Kieler Gynäkologe arbeitete Dr. Horst Schumann aus Halle, der – nachdem er sich maßgeblich am Massenmord des «Euthanasie»-Programms beteiligt hatte (siehe oben) – in Auschwitz ab 1942 versuchte, mit Röntgenbestrahlung eine kostengünstige und schnelle Massensterilisation junger Männer und Frauen bewirken zu können. Kaum eines seiner Opfer überlebte.

Andere medizinische Experimente waren die pharmazeutischen Versuche des Dr. Helmuth Vetter[101], der als ehemaliger Mitarbeiter der Bayer-Werke (damals Teil des IG Farben-Konzerns) verschiedene Medikamente seines früheren Arbeitgebers an Häftlingen erprobte, wobei bei einer seiner Versuchsreihen von 75 mit einem neuen Medikament behandelten Probanden 40 gestorben sind.

Berüchtigt sind auch die «Zwillingsforschungen» des Dr. phil. Dr. med. Josef Mengele.[102] Als der ihm zugeteilte Häftlingsarzt Miklos Nyiszli seinen Vorgesetzten erschüttert fragte: «Wann hört all diese Vernichtung einmal auf?», antwortete dieser: «Mein Freund! Es geht immer weiter, immer weiter!»[103]

«Erinnerungen an Auschwitz»

Der im Februar 1944 nach Auschwitz deportierte italienische Chemiker Primo Levi (Häftlingsnummer 174 517) beschreibt seine Begegnung mit einem leitenden Angestellten des IG Auschwitz-Chemiewerkes[104] folgendermaßen:

KZ-Arzt Josef Mengele und die Auschwitz-Kommandanten Rudolf Höß und Josef Kramer (v.l.n.r.), Juli 1944.

«Pannwitz ist hochgewachsen, mager und blond; er hat Augen, Haare und Nase, wie alle Deutschen sie haben müssen, und er thront fürchterlich hinter einem wuchtigen Schreibtisch. Ich, Häftling 174517, stehe in seinem Arbeitszimmer, klar, sauber und ordentlich, und mir ist, als müsste ich überall, wo ich hinkomme, Schmutzflecken hinterlassen. Wie er mit Schreiben fertig ist, hebt er die Augen und sieht mich an. Von Stund an habe ich oft und unter verschiedenen Aspekten an diesen Dr. Pannwitz denken müssen. Ich habe mich gefragt, was wohl im Inneren dieses Menschen vorgegangen sein mag und womit er neben der Polymerisation und dem germanischen Bewusstsein seine Zeit ausfüllte; seit ich wieder ein freier Mensch bin, wünsche ich mir besonders, ihm noch einmal zu begegnen, nicht aus Rachsucht, sondern aus Neugier auf die menschliche Seele.

Denn zwischen Menschen hat es einen solchen Blick nie gegeben. Könnte ich mir aber bis ins letzte die Eigenart jenes Blickes erklären, der wie durch die Glaswand eines Aquariums zwischen zwei Lebewesen getauscht wurde, die verschiedene Elemente bewohnen, so hätte ich damit auch das Wesen des großen Wahnsinns im Dritten Reich erklärt. Was wir alle über die Deutschen dachten und sagten, war in dem Augenblick unvermittelt zu spüren. Der jene blauen Augen und gepflegte Hände beherrschende Verstand sprach: ‹Dieses Dingsda vor mir gehört einer Spezies an, die auszurotten selbstverständlich zweckmäßig ist. In diesem besonderen Fall gilt es festzustellen, ob nicht ein verwertbarer Faktor in ihm vorhanden ist› ...»[105]

Besser lässt sich das Verhältnis von Tätern und Opfern im Lagerkomplex Auschwitz wohl kaum je in Worte fassen.

In seinen hier zitierten «Erinnerungen an Auschwitz» schreibt Levi an anderer Stelle:

«Ich glaube, in den Schrecken des Dritten Reiches ein einzigartiges, symbolisches Geschehen zu erkennen, dessen Bedeutung allerdings noch nicht erhellt wurde: die Vorankündigung einer noch größeren Katastrophe, die über der ganzen Menschheit schwebt und nur dann abgewendet werden kann, wenn wir alle es wirklich fertigbringen, Vergangenes zu begreifen, Drohendes zu bannen ...»[106]

Diesem Ziel ist auch das vorliegende Buch verpflichtet – und ebendeshalb müssen wir uns jetzt jenen Menschen zuwenden, die aus der deutschen Vergangenheit nicht nur nichts lernen wollen, sondern sie obendrein in grober Weise verzerren und verleugnen.

Zweiter Teil

DIE «AUSCHWITZ-LÜGE»: DER MASSENMORD UND SEINE LEUGNER

1. Dokumente zur Geschichte der nationalsozialistischen Massenmorde und des Konzentrationslagers Auschwitz

Die zwölf Jahre 1933 bis 1945 gehören zu den am besten erforschten Perioden der deutschen Geschichte. Vom Forschungsstand zu den nationalsozialistischen Mordaktionen und speziell zur dabei erfolgten Verwendung von Giftgas geben die Fußnoten zum vorliegenden Text (die ebendeshalb so zahlreich geraten sind!) reichlich und hoffentlich ausreichend Auskunft.

Das ehemalige Konzentrationslager Auschwitz, das – wie im letzten Abschnitt gezeigt – bei diesen Mordprogrammen eine Schlüsselrolle gespielt hat, ist heute ein Museum des polnischen Staates; außerdem ist der Gedenkstätte ein großes Forschungs- und Dokumentationszentrum zugeordnet. Der dort betriebenen wissenschaftlichen Arbeit sind einige Standardwerke zu verdanken, so das bekannte, von Danuta Czech verfasste «Kalendarium»,[107] aber auch ein fünfbändiges Werk mit Studien zur Geschichte des Lagers Auschwitz[108] sowie das Periodikum «Hefte von Auschwitz»[109] und verschiedene Einzelveröffentlichungen, darunter auch ein Bildband mit den im Sommer 1944 von einem unbekannten Fotografen bei der Ankunft eines Transportes mit ungarischen Juden in Auschwitz-Birkenau gefertigten Fotografien, denen Pawel Sawicki neue Aufnahmen derselben Orte aus dem Jahr 2011 gegenübergestellt hat.[110]

Das Archiv der Gedenkstätte Auschwitz verfügt über mehr als fünf laufende Meter Akten aus den Schreibstuben des Konzentrationslagers und über 15 laufende Meter Akten der «Zentralbauleitung der Waffen-SS und Polizei», darunter die Pläne, zum Teil sogar die Bautagebücher für die Krematorien und Gaskammern von Birkenau. Nach dem Ende des Kalten Krieges wurden in großem Umfang Akten aus dem Moskauer Zentralarchiv zugänglich. Die Fülle der Dokumente erlaubt, so Jean-Claude Pressac, der hierzu eine umfängliche Studie vorgelegt hat, «eine fast lückenlose Rekonstruktion des verbrecherischen Einfallsreichtums», mit dem die SS in Auschwitz zu Werke ging.[111]

Durch diese Dokumente wird auch die oft geäußerte, aber dennoch falsche Behauptung widerlegt, in den amtlichen Verlautbarungen des Hitler-Staates sei niemals von «Vergasungen» die Rede. Zwei Gegenbeispiele mögen hier genügen: Als die Auschwitzer Zentralbauleitung am 29. Januar 1943 die Fertigstellung und Inbetriebnahme des Krematorium II nach Berlin meldet, heißt es in diesem (auf der nächsten Seite im Original abgelichteten) Schreiben wortwörtlich:

«Die Öfen wurden im Beisein des Herrn Oberingenieur Prüfer der ausführenden Firma, Firma Topf und Söhne, Erfurt, angefeuert und funtionieren (sic!) tadellos. Die Eisenbetondecke des Leichenkellers konnte infolge Frosteinwirkung noch nicht ausgeschalt werden. Die (sic!) ist jedoch unbedeutend, da der Vergasungskeller hierfür benutzt werden kann.»[112]

In diesem Krematorium II wurden in der Nacht vom 13. auf den 14. März 1943 die ersten Menschen vergast: 1492 Männer, Frauen und Kinder. Krematorium IV war zur selben Zeit noch in Bau. Der Polier der mit den Innenarbeiten befassten Firma Riedel und Sohn notiert am 2. März 1943 in seinem täglichen Arbeitsnachweis:

H. Ustuf (F) Kirschneck! Bw. 31

Abschrift

29. Januar 1943

Bftgb.Nr.:22250/43/Bi/L.

Betr.: Krematorium II. Bauzustand.
Bezug: Fernschreiben des SS-WVHA Nr. 2648 vom 28.1.43.
Anlg.: 1 Prüfbericht

An
Amtsgruppenchef C,
SS-Brigadeführer und Generalmajor
der Waffen-SS Dr. Ing. Kammler,
Berlin-Lichterfelde-West
Unter den Eichen 126-135

Das Krematorium II wurde unter Einsatz aller verfügbaren Kräfte trotz unsagbarer Schwierigkeiten und Frostwetter bei Tag- und Nachtbetrieb bis auf bauliche Kleinigkeiten fertiggestellt. Die Öfen wurden im Beisein des Herrn Oberingenieur Prüfer der ausführenden Firma, Firma Topf u. Söhne, Erfurt, angefeuert und funtionieren tadellos. Die Eisenbetondecke des Leichenkellers konnte infolge Frosteinwirkung noch nicht ausgeschalt werden. Die ist jedoch unbedeutend, da der Vergasungskeller hierfür benützt werden kann.

Die Firma Topf u. Söhne konnte infolge Waggonsperre die Be- und Entlüftungsanlage nicht wie von der Zentralbauleitung gefordert rechtzeitig anliefern. Nach Eintreffen der Be- und Entlüftungsanlage wird jedoch mit dem Einbau sofort begonnen, sodass voraussichtlich am 20.2.43 die Anlage vollständig betriebsfertig ist.

Ein Bericht des Prüfingenieurs der Firma Topf u. Söhne, Erfurt, wird beigelegt.

Der Leiter der Zentralbauleitung
der Waffen-SS und Polizei Auschwitz

SS-Hauptsturmführer

Verteiler:
1 SS-Ustuf Janisch u. Kirschneck
1 Registratur (Akt Krematorium)

F.d.R.d.A.:
Pollok 25
SS-Ustuf.(F)

Der Leiter der Zentralbauleitung Auschwitz meldet Berlin im Januar 1943 die vorläufige Fertigstellung und Inbetriebnahme des Krematoriums II in Birkenau.

«Fußboden betonieren in Gaskammer.»

Die Bestellung und die Montage von gasdichten Türen für bestimmte Räume in den Krematorien und ebenso die Anforderung von «Anzeigegeräten für Blausäurereste» für das Krematorium II

Ende Februar 1943 sprechen eine deutliche Sprache: In einem Krematorium, das nur der Leichenverbrennung dient, sind gasdichte Türen ebenso wenig erforderlich, wie ein Bedarf an «Gasprüfern» besteht. All diese Maßnahmen machen nur dann Sinn, wenn die Menschen, deren Leichen im Krematorium verbrannt werden sollen, zuvor in ebendiesem Krematorium, nämlich im «Vergasungskeller» (siehe oben), durch Blausäuregas getötet worden sind.

Von den Angeklagten wie von den Zeugen in den großen Auschwitz-Prozessen, von denen im nächsten Abschnitt die Rede sein wird, wurde die Existenz der Gaskammern in Auschwitz und deren Nutzung zum Zwecke des industriellen Massenmordes niemals bestritten – wohl aber immer wieder die eigene Verantwortung bzw. Täterschaft. Es ist seltsam, dass die Geschichtsleugner sich so energisch auf diesen einen Punkt konzentrieren. Wie das geschieht, soll weiter unten ausführlich erörtert werden. Zunächst erscheint es mir jedoch ratsam, kurz zu betrachten, wie die Verbrechen von Auschwitz vor Gericht verhandelt worden sind.

2. Die Auschwitz-Prozesse

Der erste Auschwitz-Prozess der Nachkriegsgeschichte begann am 24. November 1947 in Krakau. Angeklagt wurden 40 Männer und Frauen aus der SS-Wachmannschaft des Auschwitzer Lagerkomplexes, nachdem bereits ihr ehemaliger Kommandant Rudolf Höß in einem am 11. März 1947 begonnenen Prozess am 2. April zum Tode verurteilt und am 16. April hingerichtet worden war. Der Folgeprozess endete am 22. Dezember 1947 für 22 Angeklagte mit dem Todesurteil, das in 20 Fällen auch vollstreckt wurde; der oben bereits erwähnte Lagerarzt Johann Paul Kremer und Johann Arthur Breitwieser, einst in der Häftlingsbekleidungskammer tätig, wurden zu lebenslanger Haft begnadigt. 16 Angeklagte erhielten Haftstrafen zwischen drei Jahren und lebenslang, einer – der ehemalige Lagerarzt Dr. Hans Münch – wurde freigesprochen.

Die Militärgerichte der siegreichen Alliierten führten keine Prozesse wegen der Verbrechen von Auschwitz (wohl aber wegen der Gräueltaten in anderen Konzentrationslagern!), und die bundesdeutsche Justiz nach 1949 war nur wenig an einer Verurteilung nationalsozialistischer Täter interessiert (siehe die Ausführungen in den Anmerkungen zu Otto Ambros, Karl Bischoff, Carl Clauberg, Horst Schumann, Karl Wolff und anderen). Dass der große Frankfurter Auschwitz-Prozess 1963–1965, dem in Frankfurt a. M. drei weitere Verfahren folgten, überhaupt stattgefunden hat, ist vor allem der Energie und dem politischen Einsatz des damaligen hessischen Generalstaatsanwalts Fritz Bauer zu verdanken.

Zu diesem ersten Frankfurter Auschwitz-Prozess, der in vielerlei Hinsicht als «Meilenstein» in der deutschen Nachkriegsgeschichte bezeichnet werden darf, steht reichlich Literatur zur Verfügung.[113] Für die Belange des vorliegenden Buches sind die folgenden Sachverhalte von besonderer Bedeutung:

Erstens:

Wie schon weiter oben ausgeführt, hat keiner der Angeklagten – niemand unter den Verurteilten, niemand unter den Freigesprochenen – je den Massenmord von Auschwitz und die Existenz der dabei verwendeten Gaskammern geleugnet. «Die Angeklagten haben lediglich bestritten, selbst etwas mit den Massentötungen zu tun gehabt zu haben.»[114] So hat sich der Angeklagte Josef Klehr[115], dem unter anderem vorgeworfen worden war, Häftlinge im Krankenbau des Lagers durch intrakardiale Phenolinjektionen ermordet zu haben, mit der Behauptung verteidigt, dies sei doch gar nicht nötig gewesen: «In Birkenau wurde doch täglich vergast.»[116] Ähnliche Aussagen lassen sich in großer Fülle zitieren.

Auch der vermutlich letzte in Deutschland wegen der Verbrechen von Auschwitz gerichtlich belangte SS-Mann, Oskar Gröning, dessen Prozess am 21. April 2015 eröffnet wurde, hat 50 Jahre nach Josef Klehrs zitierter Einlassung ausgesagt, ihm sei klar gewesen, «dass wohl kaum ein Jude lebend aus dem Konzentrationslager herauskommen würde»[117] – und die Existenz der Gaskammern von Auschwitz hat auch Gröning während seiner Lüneburger Verhandlung mit keinem Wort bestritten...

Zweitens:
Erst recht kam keiner unter den Angeklagten auf die Idee, sich mit jenem Argument zu verteidigen, auf das später – wie im nächsten Abschnitt gezeigt werden wird – die Auschwitz-Leugner verschiedener Couleur verfallen sind: dass das Giftgas Zyklon B in Auschwitz lediglich, seiner ursprünglichen Bestimmung gemäß, zur Schädlingsbekämpfung verwendet worden sei, und dass Gaskammern, in die man Zyklon B eingeschüttet habe, um darin massenhaft Menschen umzubringen, in Auschwitz gar nicht existiert hätten. Würde dieser Behauptung auch nur das geringste Körnchen Wahrheit innewohnen – es wäre doch zu erwarten gewesen, dass es in den Auschwitz-Prozessen nur allzu gerne als nützliches Argument zur Verteidigung der dort angeklagten Täter verwendet worden wäre! Aber nichts dergleichen hat es gegeben – was die ganze Absurdität dieses revisionistischen «Arguments» deutlich macht.

Der Auschwitz-Prozess von 1963–1965 ist auch deshalb so bedeutsam, weil er – ganz im Gegensatz zum oft vorsichtig-beschwichtigenden Vorgehen in manchem anderen Gerichtsverfahren der Nachkriegszeit – in aller Deutlichkeit nicht nur die Taten, sondern auch die Gesinnung der Angeklagten bewertet hat. So sah das Gericht bei den verurteilten Tätern nicht nur das Kriterium der Heimtücke, sondern auch das der Grausamkeit als gegeben an:

«Schließlich waren die Tötungen in den Gaskammern auch grausam», heißt es in aller Klarheit in dem am 20. August 1965 ergangenen, im Original fast tausend Druckseiten starken Urteil:

> «Die Opfer, die in den Gaskammern zusammengepfercht waren, überfiel nach dem für sie überraschenden Einschütten des Zyklon B eine verzweifelte Todesangst. Dies zeigte sich an dem fürchterlichen Geschrei, das jedes Mal entstand, wenn das Zyklon B eingeschüttet worden war, und an dem verzweifelten Klopfen und Pochen der Opfer an den Türen und Wänden der Gaskammern. In dieser Angst schwebten sie während mehrerer Minuten in einer ausweglosen Situation. Dabei mußten sie noch den Todeskampf ihrer nächsten Angehörigen und Bekannten miterleben. Hinzukommt, daß sie erkennen mußten, daß sie in einer jeglicher Menschenwürde hohnsprechenden Weise umgebracht wurden. All dies hat ihnen schwerste seelische Qualen während mehrerer Minuten bereitet. Dabei kann es dahingestellt bleiben, ob die Opfer auch schwere körperliche Schmerzen während der Einwirkungen des Zyklon B erlitten haben, was anzunehmen ist, da die Leichen nach dem Öffnen der Gaskammern häufig ineinander verkrampft und mit verzerrten Gesichtszügen dalagen.
>
> Eine solche Tötungsart kann nur anordnen, wer gefühllos, roh und unbarmherzig ist. Aus dieser Gesinnung heraus hat man die Tötung der Opfer in den Gaskammern angeordnet.»

Sicherlich ist es auch diesem Auschwitz-Urteil des Landgerichts Frankfurt am Main zu verdanken, dass der Bundesgerichtshof am 16. November 1993 festgestellt hat:

«Der Massenmord an den Juden, begangen in den Konzentrationslagern … ist als geschichtliche Tatsache offenkundig; eine Beweiserhebung darüber ist überflüssig.»

Ein Jahr später führte ein Gesetz vom 28. Oktober 1994 den folgenden, seit 1. Dezember 1994 rechtswirksamen Absatz 3 in den § 130 des Strafgesetzbuches (Volksverhetzung) ein:

«Mit Freiheitsstrafe bis zu fünf Jahren oder mit Geldstrafe wird bestraft, wer eine unter der Herrschaft des Nationalsozialismus begangene Handlung der in § 220a Abs. 1 (Völkermord) in einer Weise, die geeignet ist, den öffentlichen Frieden zu stören, öffentlich oder in einer Versammlung billigt, leugnet oder verharmlost.»

Aber erst in jüngerer Vergangenheit wird diese rechtliche Handhabe von deutschen Gerichten auch konsequent angewandt.

3. Die «revisionistische» Literatur

Die Anfänge

Gibt es überhaupt eine nennenswerte Zahl von Menschen, die die in diesem Buch summarisch beschriebenen, in Auschwitz begangenen Gräueltaten verharmlosen oder gar leugnen?

Ja, es gibt sie – in vielen Ländern der Welt, aber eben auch im Land der Täter, in Deutschland. Es hat hierzulande sogar einen «Verein zur Rehabilitierung der wegen Bestreitens des Holocaust Verfolgten» gegeben – er wurde am 9. November (!) 2003 in Vlotho gegründet. Zu den Gründungsmitgliedern gehörten Menschen, deren Namen wir in diesem Buch noch öfter begegnen werden: Jürgen Graf[118], Horst Mahler[119], Germar Rudolf, Wilhelm Stäglich, Ernst Zündel und andere. Auch Anneliese Remer, die Witwe des 1997 in Spanien gestorbenen Nazi-Generals und Holocaust-Leugners Otto Ernst Remer (von dem später noch die Rede sein wird), gehörte zu den Gründungsmitgliedern. Am 7. Mai 2008 wurde dieser Verein vom Bundesinnenminister als verfassungsfeindliche Organisation verboten.

Wäre er nicht schon sechs Jahre zuvor, am 13. Februar 1997, verstorben, hätte sicherlich auch Thies Christophersen zu den Gründungsmitgliedern dieses Vereins gezählt. Der 1918 geborene SS-Mann war 1944 als SS-Sonderführer in der Versuchsanstalt für Pflanzenschutz in Auschwitz/Rajsko eingesetzt worden. Christophersen, der seit 1969 die Zeitschrift «Die Bauernschaft» herausgab, veröffentlichte 1973 die Broschüre «Die Auschwitz-Lüge. Ein Erlebnisbericht», mit der er auch jenes Schlagwort geprägt hat, das seither nicht mehr aus der Welt zu schaffen ist. 1976 wurde der Autor zu einer Geldstrafe verurteilt, sein geschichtsfälschendes Machwerk – in dem er behauptet, im KZ Auschwitz sei es den Häftlingen gut gegangen, bei der Arbeit sei sogar getanzt und gesungen worden, die Verpflegung sei ordentlich gewesen – ist 1978 gerichtlich eingezogen worden.[120]

Doch schon ein Jahr später, 1979, folgte auf Christophersens mittlerweile verbotene Broschüre das Buch «Der Auschwitz-Mythos – Legende oder Wirklichkeit» des Hamburger Oberfinanzrichters Dr. Wilhelm Stäglich (2003 eines der Gründungsmitglieder des oben erwähnten Vereins!).[121] Auch dieses Buch wurde 1982 gerichtlich verboten.

Aus Übersee importierte Publikationen, die eine «neue Sicht» auf den Nationalsozialismus und seine (in diesen Schriften bestrittenen) Verbrechen fordern,[122] sind «Starben wirklich sechs Millionen? Endlich die Wahrheit» von «Richard Harwood» (Richmond 1975), ein Pseudonym des britischen Neofaschisten Richard Verall, und «Der Jahrhundert-Betrug» des US-Amerikaners Arthur R. Butz (Richmond 1976). Viele dieser revisionistischen Kampfschriften sind im rechtsradikalen «Verlag für Volkstum und Zeitgeschichtsforschung» erschienen, den Udo Walendy[123] 1965 in Vlotho gegründet hatte.

Aber auch umgekehrt funktionierte der internationale Revisionismus: Christophersen Schrift «Die Auschwitz-Lüge» wurde von seinem Freund Ernst Zündel ins Englische übersetzt und in den

USA und in Kanada, wo Zündel seit 1948 lebte, verbreitet. Dort wurde er mehrfach vor Gericht gestellt – in einem Prozess in Toronto 1988 ließ er den Amerikaner Fred A. Leuchter als «Gutachter» auftreten (von dessen «Report» wird im nächsten Abschnitt die Rede sein). Im Februar 2003 in den USA wegen Verstoßes gegen die Einwanderungsbestimmungen verhaftet, nach Kanada abgeschoben und von dort am 1. März 2005 nach Deutschland ausgeliefert (die Staatsanwaltschaft Mannheim hatte schon 2003 gegen ihn einen Haftbefehl wegen Volksverhetzung beantragt), wurde Zündel alsbald in Mannheim angeklagt. Sein Prozess begann am 8. November 2005 und wurde mehrfach unterbrochen; er endete am 15. Februar 2007 mit einer Verurteilung wegen Volksverhetzung, Beleidigung und Verunglimpfung des Andenkens Verstorbener zu fünf Jahren Haft, auf die die Untersuchungshaft anzurechnen sei. Am 1. März 2010 wurde Zündel aus der Justizvollzugsanstalt Mannheim entlassen. Er ist allem Anschein nach seither nicht nach Kanada oder in die USA zurückgekehrt.

Der «Leuchter-Report» und seine Nachahmer

Am 25. Februar 1988 flog der 1943 geborene Amerikaner Fred Leuchter aus den USA nach Polen, begleitet von seiner Frau, einem Zeichner, einem Kameramann und einem Dolmetscher. Das Team inspizierte die Areale der ehemaligen Konzentrationslager in Auschwitz und Majdanek und reiste schon am 3. März wieder in die USA zurück. Ebenso hurtig wie bei dieser Reise ging Leuchter auch bei der Erstellung seines «Gutachtens» für die Verteidigung des damals in Toronto angeklagten Holocaust-Leugners Ernst Zündel vor: Bereits am 5. April ist das 132 Druckseiten starke Schriftstück fertig, das später als «Leuchter-Report» traurige Berühmtheit erlangt.

OBEN Die Öfen der Zwillingskrematorien II und III im Bau, links Häftlinge bei der Arbeit.

UNTEN Das Krematorium III in Birkenau.

Im Prozess gegen Zündel hat Leuchter freilich keine für den Angeklagten hilfreiche Rolle gespielt. Dem Vertreter der Anklage gelang es zunächst nachzuweisen, das Leuchter den Titel «Execution Engineer» zu Unrecht führte, denn er hatte niemals Ingenieurwissenschaften studiert und konnte keinerlei Fachkenntnisse in Physik, Chemie oder Pharmakologie nachweisen.[124] Die Methoden seines Gutachtens blieben dubios, insbesondere ist bis heute nicht klar, wo und wie er seine «Proben» aus den Wänden der einstigen Gaskammern entnommen hat – da Leuchter ohne Genehmigung der Museumsleitungen in Auschwitz und Majdanek vorgegangen ist, gibt es keine unabhängigen Zeugen für diese angebliche Probenentnahme. Schon deshalb muss das gesamte «Gutachten» als äußerst fragwürdig gewertet werden. Das Gericht in Toronto, das Zündel am 11. Mai 1988 zu neun Monaten Gefängnis verurteilte, bewertete Leuchters «Gutachterrolle» jedenfalls folgendermaßen: «Es mangelt ihm an Kompetenz, zu beurteilen, was an den besagten Orten durchgeführt werden konnte oder nicht, wie er in seinem Bericht pauschal behauptet.»

Betrachtet man Leuchters Gutachten genauer, so fällt als kardinaler Mangel sofort auf, dass der angebliche Ingenieur in seltsamer Betriebsblindheit die Tötungsmaschinerie der Nationalsozialisten immer wieder mit den Gaskammern in US-Gefängnissen vergleicht. So kommt er zu dem geradezu grotesk anmutenden Schluss, keine der Gaskammern von Auschwitz sei «so gebaut worden, wie es den bekannten und bewährten Anlagen, die zur selben Zeit in den Vereinigten Staaten in Betrieb waren, entsprochen hätte. Es erscheint merkwürdig, daß diejenigen, die diese angeblichen Gaskammern geplant hatten, niemals die Technik zurate gezogen haben, wie sie in den Vereinigten Staaten angewandt wurde, das heißt in dem einzigen Land, das damals Gefangene mit Gas hinrichtete.»

Die ganze Absurdität dieses «Arguments» hat der Franzose George Wellers, selbst Auschwitz-Überlebender, mit angemessener Bitterkeit deutlich gemacht: «Der brave Mr Leuchter findet es demnach ‹merkwürdig›, daß Höß 1941–42, also mitten im Krieg, nicht den Atlantik überquert hat, um von den Amerikanern zweckdienliche Hinweise darüber zu erbitten, wie sich Hunderttausende von Männern, Frauen und Kindern am effektivsten umbringen lassen …»[125]

Leuchters «Gutachten» ist mittlerweile von verschiedenen Seiten als pseudowissenschaftliches Machwerk entlarvt worden,[126] das nur diejenigen für überzeugend halten können, die schon vor seiner Lektüre davon überzeugt waren, dass es den Massenmord von Auschwitz nie gegeben hat. Oder was soll man davon halten, wenn einer, der nach eigenem Eingeständnis gar kein Ingenieur ist, schreibt, es sei «die beste Meinung dieses Autors als Ingenieur, daß die angeblichen Gaskammern an den inspizierten Plätzen weder damals als Exekutions-Gaskammern gedient haben konnten, noch daß sie jetzt für eine solche Funktion ernsthaft in Betracht gezogen werden können»? Leuchters «Gutachten» ist von A bis Z ein Schwindelunternehmen. Die erste deutsche Übersetzung besorgte 1988 der rechtsradikale Publizist Udo Walendy;[127] seither kursieren mehrere, teilweise stark voneinander abweichende Fassungen des Textes. In Deutschland trat Leuchter mehrfach auf Veranstaltungen mit bekannten Neonazis auf, etwa mit dem damaligen, später mehrfach zu Haftstrafen verurteilten NPD-Vorsitzenden Günter Deckert.[128] Auch lässt sich für die damalige Zeit eine große Naivität der deutschen Justiz im Umgang mit solchen Geschichtsleugnern feststellen: 1993 in Köln verhaftet, wurde Leuchter wieder auf freien Fuß gesetzt, weil die Justiz ihm sein Ehrenwort glaubte, zum Gerichtsverfahren in Mannheim im September 1994 freiwillig zu erscheinen. Natürlich kam Leuchter damals nicht, und das Verfahren platzte.

Ein Nachfahre des «Leuchter-Berichts» entstand 1992: Der damals wegen Volksverhetzung vor Gericht stehende ehemalige Nazi-General Otto Ernst Remer, 1944 maßgeblich an der Niederschlagung des Putschversuches «Operation Walküre» vom 20. Juli beteiligt, hatte schon 1991 in seiner «Remer-Depesche» mit Bezug auf Fred Leuchter behauptet: «Die Massentötung von Juden mittels Zyklon B ist wissenschaftlich widerlegt.» Jetzt selbst vor Gericht, beauftragte er den damals am Stuttgarter Max-Planck-Institut für Festkörperphysik tätigen Diplom-Chemiker Germar Rudolf, ein neues «Gutachten» auf den rechtsradikalen Meinungsmarkt zu werfen. Auch Rudolf entnahm in Auschwitz ohne Erlaubnis – und mithin unkontrollierbar – Proben aus dem Mauerwerk der Gaskammern und der (damals noch nicht renovierten) «Zentralsauna» von Auschwitz-Birkenau, wo die Einrichtungen zur Reinigung der Häftlingskleidung von Läusen und der von ihnen übertragenen Fleckfiebererreger untergebracht waren – auch für diese «Entwesung» wurde ja Zyklon B eingesetzt. Wie Leuchter hat auch Rudolf in seinen Mauerproben aus den Entwesungskammern das Pigment «Berliner Blau» (siehe oben, S. 61), gefunden – allerdings in deutlich stärkeren – (zum Teil zehnfach höheren!) Konzentrationen als Leuchter sechs Jahre zuvor; schon diese Unterschiede diskreditieren beide Gutachten und ihre angebliche Probenentnahme. Da aber – hier argumentieren Leuchter und Rudolf ähnlich – in den Mauern der zum Massenmord verwendeten Gaskammern kein Berliner Blau nachweisbar war, hätten dort auch keine Vergasungen durch Zyklon B stattgefunden. Auf diese abenteuerliche «Logik» werde ich im nächsten Abschnitt ausführlich eingehen.

Zunächst sei aber noch kurz auf die rechtsradikalen Protagonisten dieser Tatsachenverdrehungen und auf ihr weiteres Schicksal hingewiesen. Otto Ernst Remer wurde am 22. Oktober 1992 zu 22 Monaten Gefängnis ohne Bewährung verurteilt – als der Bundesgerichtshof 1993 sein Revisionsbemühen abwies, entzog er sich der Haft durch Flucht nach Spanien, wo er eine Rente der Bundesversicherung für Angestellte (BfA) beziehen konnte, bis er 1997 in der Nähe von Marbella starb. Germar Rudolf stand zwischen November 1994 und Juni 1995 vor dem Landgericht Stuttgart, das ihn zu 14 Monaten Haft ohne Bewährung verurteilte. Auch er floh zunächst nach Spanien, dann nach Großbritannien und schließlich in die USA. Von dort am 15. November 2005 abgeschoben, wurde er nach seiner Ankunft in Deutschland verhaftet und ein Jahr später abermals vor Gericht gestellt. Am 15. März 2007 zu zwei Jahren und sechs Monaten Gefängnisstrafe verurteilt (es war Rudolf vom Gericht als strafmildernd angerechnet worden, dass er sich für diesen Prozess von seinen bisherigen Verteidigern, den bekannten rechtsradikalen Anwälten Sylvia Stolz[129] und Jürgen Rieger[130] getrennt hatte), büßte er diese Freiheitsstrafe bis zum 5. Juli 2009 ab und tauchte nach seiner Entlassung aus dem Gefängnis in den USA unter.

Das zentrale «Argument»

Die wissenschaftlich getarnten Schmähschriften von Fred Leuchter und Germar Rudolf enthalten viele Behauptungen, die aus wissenschaftlicher Sicht schierer Unsinn sind. So wird erklärt, Gaskammern in der Nähe von Krematorien und ihren Verbrennungsöfen seien wegen der Gefahr, dass die Blausäure explodieren könne, viel zu gefährlich (in Wahrheit wurden die für eine Explosion nötigen Konzentrationen von Cyanwasserstoff, nämlich mindestens 60 Gramm/Kubikmeter oder 5,4 %, in den Gaskammern von Auschwitz niemals auch nur näherungsweise erreicht), oder aber, die Temperatur in den Gaskammern sei für das Ausgasen von Blausäure aus dem Zyklon-Präparat zu niedrig gewesen (hier wird die Körperwärme der in den Gaskammern dicht gedrängt stehenden Mordopfer völlig außer Acht gelassen!). Betrachten wir an dieser Stelle nun eine der zentralen Aussagen des «Leuchter-Reports» und des «Rudolf-Reports» etwas genauer (soweit dies überhaupt möglich ist – denn insbesondere von Rudolfs «Gutachten» gibt es etliche, zum Teil unter Pseudonym veröffentlichte Fassungen, die einander in etlichen Punkten widersprechen ...). Das wichtigste «Argument», mit dessen Hilfe die Autoren die Massenvergasungen in Auschwitz widerlegen zu können glauben, ist das folgende:

- In jenen Räumen, in denen die SS Zyklon B seiner ursprünglichen Bestimmung gemäß zur Schädlingsbekämpfung (insbesondere zur «Entlausung» von Kleidungsstücken) eingesetzt hat, in den Räumen der «Zentralen Sauna»,[131], lässt sich an den Wänden das Pigment «Berliner Blau» nachweisen.
- In jenen Räumen, die Gaskammern gewesen sein sollen, wird hingegen an den Wänden kein «Berliner Blau» gefunden.
- Folglich ist in diesen Räumen kein Zyklon B eingesetzt worden, sie können also keine Gaskammern gewesen sein.

Zu dieser «Beweisführung» haben sich schon etliche Fachleute mit einem für Leuchter und Rudolf vernichtenden Ergebnis geäußert;[132] das Wesentliche sei hier nur kurz zusammengefasst.

Erstens ist überhaupt nicht sicher, ob das Berliner Blau in den Wänden der Entlausungs- und Entwesungsanlagen in Auschwitz II überhaupt von ausgegastem Zyklon B stammt – wie in Anmerkung 96 erwähnt, fand dieser Farbstoff in der ersten Hälfte des 20. Jahrhunderts in etlichen Wandanstrichen Verwendung. Zweitens muss Zyklon B in Anlagen zur Läuse- und Bakterienbekämpfung sehr viel länger einwirken, nämlich stundenlang, da das Gift auf Läuse langsamer wirkt als auf Menschen. In den Gaskammern, in denen infolge der Körperwärme der dort zusammengepferchten Menschen eine hohe Temperatur herrschte, genügte eine nach Minuten zu bemessende Einwirkungszeit, um den Tod herbeizuführen. Und drittens wurden die weiß getünchten Gaskammern für den Massenmord nach ihrer Benutzung jeweils mit Wasser ausgespritzt, um sie von Kot und Blut zu reini-

Lagertor von Auschwitz-Birkenau, durch das die Züge zur Rampe fuhren.

gen, womit natürlich auch den Wänden anhaftende Blausäurereste fortgespült wurden.

Genügen schon diese Hinweise, um die «Argumente» von Fred Leuchter und Germar Rudolf zu widerlegen, so sei der Vollständigkeit halber noch darauf verwiesen, dass in Auschwitz zweimal ein direkter Blausäuren-Nachweis gelungen ist: erstens durch das Gutachten des Untersuchungsrichters Jahn Sehn 1945, der einen Papiersack mit 25,5 Kilogramm Haar untersuchte, das von Leichen in Auschwitz ermordeter Frauen stammte,[133] und im Frauenhaar wie auch in Haarspangen und Brillenbügeln eindeutig Blausäurereste nachweisen konnte.[134] Und zweitens haben polnische Chemiker 1994 mit modernen, hochkomplexen Analysemethoden in den Wänden der Gaskammern von Auschwitz Blausäurereste *direkt* nachweisen können, ohne dabei das in seiner Herkunft unsichere Pigment Berliner Blau als (fragwürdigen) Indikator zu benutzen.[135] Es ist also in mehr als einer Hinsicht klar bewiesen: Wer leugnet, dass in Auschwitz Blausäuregas verwendet wurde, um in speziellen Gaskammern Zigtausende von Menschen umzubringen, ist ein Lügner.

David Irving

Der Brite David John Cawdell Irving, geboren 1938, galt in Deutschland lange Jahre als ein unkonventioneller und provokativer, aber durchaus ernst zu nehmender Historiker, der über ein großes Geschick im Aufspüren bis dato verborgener Quellen verfügte. Zu seinem guten Ruf mag beigetragen haben, dass er 1964 in der Zeitschrift «Neue Illustrierte» eine Artikelserie «Und Deutschlands Städte starben nicht» veröffentlicht hatte, die größtenteils auf seinem Buch «Der Untergang Dresdens» fußte (erschienen 1963, Neuauflagen 1966 und 1967). Darin gab er die Zahl der Toten der Luftangriffe auf Dresden im Jahr 1945 mit 250 000 an. 1977 bewies der Historiker Götz Bergander, dass Irving damit der Propaganda des Goebbels-Ministeriums aufgesessen war: Das Reichspropagandaministerium hatte 1945 der Zahl der verbrannten (20 204) und der insgesamt zu erwartenden Toten von Dresden (25 000) jeweils eine Null angehängt und sie somit verzehnfacht, um die Luftangriffe der Alliierten in der Auslandspresse als ungeheuerliches Kriegsverbrechen darstellen zu können.[136]

1988 trat Irving im oben erwähnten Prozess von Toronto gegen Ernst Zündel als Gutachter der Verteidigung auf. Dabei lernte er den oben erwähnten angeblichen «Gaskammerexperten» Fred Leuchter kennen. Nach dem Prozess gab er Leuchters «Gutachten» im Selbstverlag als «Leuchter-Report» heraus und steuerte ein anerkennendes Vorwort bei: Das Gutachten sei wissenschaftlich unwiderlegbar, in Auschwitz habe es also keine Massenvergasungen gegeben. Danach trat er des Öfteren auf Veranstaltungen von rechtsextremen Holocaust-Leugnern auf. Auch in Deutschland hielt er entsprechende Vorträge, so in Dresden am 13. Februar 1990 und in München am 21. April desselben Jahres. Irvings damalige Deutschlandtournee war von dem Rechtsextremisten Bela Ewald Althans organisiert worden.

Drei Jahre später veröffentlichte die US-Historikerin Deborah Lipstadt ihr Buch «Denying the Holocaust».[137] Darin bezeichnete sie Irving zutreffend als Holocaust-Leugner und eifrigen Bewunderer Hitlers. Es spricht für Irvings selbstüberschätzende Maßlosigkeit, dass er alsbald eine Verleumdungsklage gegen Lipstadt anstrengte; in dem Gerichtverfahren, das am 11. Januar 2000 in London begann, mussten nach britischem Recht Lipstadt und ihr Verlag beweisen, dass die Behauptungen in Lipstadts Buch zutreffend sind. Über den Prozessverlauf sind mehrere lesenswerte Bücher erschienen.[138] Am 11. April 2000 wies der Londoner High Court Irvings Klage ab. Richter Charles Gray stellte in seiner Urteilsbegründung zu Irvings Person klar: «Er ist ein rechtsextremer Pro-Nazi, Polemiker, Antisemit und Rassist, der sich mit Rechtsextremisten zusammentut, um den Neonazismus zu fördern.» Richter Gray bekräftigte zudem ausdrücklich, dass Irving öffentlich als «Lügner», «Geschichtsfälscher», «Rassist» und «Antisemit» bezeichnet werden darf. Bezeichnend ist auch, dass Irving sich in diesem Prozess deutlich von dem einst von ihm selbst so begeistert gefeierten «Leuchter-Report» distanzierte, da dessen vielfältige Mängel und Schwächen sich nicht mehr beschönigen ließen.[139]

Da Irving die Verfahrenskosten zu tragen hatte (sein Berufungsverfahren scheiterte 2001), war er durch den verlorenen Prozess auch wirtschaftlich ruiniert.

Fünf Jahre später, am 11. November 2005, wurde Irving in Österreich festgenommen, wo seit 1998 ein Haftbefehl gegen ihn vorlag, am 20. Februar 2006 zu drei Jahren Haft ohne Bewährung verurteilt und noch im Dezember desselben Jahres nach Großbritannien abgeschoben. In Österreich hat er seither Einreiseverbot, ebenso in Italien, Australien, Kanada, Neuseeland und Südafrika. Ein Einreiseverbot für Deutschland, von der Stadt München bis 2022 beantragt, ist derzeit Gegenstand gerichtlicher Prüfung. Irving lebt mittlerweile in Florida/USA.

Der mit Irving befreundete Brite Richard Williamson (geboren 1940), ein Bischof der von der römisch-katholischen Kirche abgespaltenen ultraorthodoxen «Piusbruderschaft», sagte in einem im November 2008 in Zaitzkofen bei Regensburg aufgezeichneten, am 21. Januar 2009 vom Schwedischen Staatsfernsehen in der Sendung «uppdrag granskning» («Auftrag Nachforschung») gesendeten Interview, es seien höchstens 200 000 bis 300 000 Juden in den Konzentrationslagern umgekommen, aber niemand unter ihnen durch Gas, denn Gaskammern habe es in den Konzentrationslagern gar nicht gegeben, wie ja durch den «Leuchter-Report» wissenschaftlich bewiesen worden sei.[140]

Zusammenfassende Bewertung

Erstaunlicherweise wird von jenen, die eine «neue Sicht» auf die deutsche Geschichte, eine «Revision», fordern (mit deren Hilfe sie dann die deutschen Verbrechen 1933 – 1945 verkleinern und relativieren wollen), niemals bestritten, dass in den als Duschräumen getarnten Gaskammern von Hadamar und anderen Tötungsanstalten Tausende von Kranken und Behinderten ermordet worden sind.

Der Grund dafür ist vielleicht von ähnlicher Art wie die Motivlage, die die «Euthanasie»-Aktion auf weit größeren Widerstand stoßen ließ als den Judenmord: Durch Unfall oder Krankheit kann jeder, auch der tüchtigste «Volksgenosse», zum Kranken oder Behinderten werden, und niemand ist dagegen gefeit, ein behindertes Kind zu bekommen – von «den Juden» aber konnte man sich durch eine schlicht gewirkte, aber dennoch (oder ebendeshalb?) äußerst wirkungsvolle rassistische Ideologie grundsätzlich abgegrenzt fühlen – sie waren «Untermenschen», man selbst blieb ihnen ein für alle Mal überlegen.

Dass gerade die Gaskammern von Auschwitz im Zentrum «geschichtsrevisionistischer» Bestrebungen stehen, kann wohl kaum anders erklärt werden als mit einer immer noch fortbestehenden rassistischen und antisemitischen Ideologie. Wer behauptet, den Massenmord an Behinderten habe es nie gegeben, er sei nur die Erfindung eines internationalen Komplotts von Behinderten, das auf diese Weise nach der Weltherrschaft strebe – er würde wohl kaum auf großes Echo stoßen, sondern müsste sich eher selbst bald als schwieriger Fall einer psychiatrischen Behandlung unterziehen. Was den Holocaust betrifft, ist ebendiese Argumentationsfigur aber immer noch gang und gäbe – Ausdruck einer fundamental rassistischen Haltung, die im Antisemitismus prägnanten Ausdruck findet und sich zudem in einer Fülle anderer Vorurteile offenbart (zum Beispiel gegen «Zigeuner» oder gegen Migranten). Diese Haltung zeigt sich am besten in einem «Kinderreim», den der Holocaust-Leugner David Irving seinen Nachkommen vorzusingen pflegte, um sie auf ihr Herrenmenschentum einzustimmen:[141]

«I am a Baby Arian
Not Jewish or Sectarian
I have no plans to marry an
Ape or Rastafarian.»

(Ich bin eine kleine Arierin / Nicht jüdisch oder in einer Sekte / und heiraten will ich keinen / Affen oder Rastafari ...)

4. Auswirkungen der «Auschwitz-Lüge»

Versuche, die deutsche Geschichte vom «Makel der Vergangenheit» zu befreien, hat es etliche gegeben,[142] auch Empfehlungen, mit dieser Geschichte und den von ihr schwer zu trennenden Verbrechen «unbefangener» umzugehen. Dazu gehörte auch der Hinweis, den Nationalsozialismus als Reaktion auf andernorts begangene Verbrechen «verständlich zu machen», ein sachlich völlig verfehltes Bemühen, das mit dem Namen des Historikers Ernst Nolte verbunden bleibt und dessen Folgen als «Historikerstreit» in die Geschichte eingegangen sind.[143]

Während sich die Historiker noch miteinander stritten, konnte so mancher ehemalige Nationalsozialist schon auf eine beachtliche Karriere in der Bundesrepublik zurückblicken – ein an der Euthanasie-Mordaktion beteiligter Frauenarzt hatte es bis zum Präsidenten der Bundesärztekammer gebracht, ein für mehrere menschenverachtende Todesurteile verantwortlicher «furchtbarer Jurist» und früherer Marinerichter bis zum Präsidenten eines Bundeslandes. Und als der ehemalige «Reichsjugendführer» Arthur Axmann – seit 1940 in dieser Funktion Nachfolger Baldur von Schirachs – am 24. Oktober 1996 verstarb, veröffentlichte die «Frankfurter Allgemeine Zeitung» eine Todesanzeige, in der es hieß: «Sein sozialer Einsatz für die Jugend war Vorbild.»

In einer solchen Atmosphäre wird mancherorts offenbar auch ein «unbefangener» Umgang mit dem Thema «Auschwitz» möglich: Am 11. November 1991 hat ein Gericht im «Zittauer Neonazi-Prozess» acht Angeklagte verurteilt, die ein Wohnheim mit aus Tschernobyl evakuierten Kindern überfallen und dabei «Ab nach Auschwitz!» gerufen hatten. Und als vier Monate später, am 9. März 1992, die NDR-Sendung «Panorama» zu Spenden für den Erhalt der Gedenkstätte Auschwitz aufrief, liefen in der dortigen

Redaktion Zuschriften ein, in denen es hieß: «Gerne werde ich eine größere Summe spenden, wenn dadurch Auschwitz betriebsbereit bleibt» oder: «Auch das Unterbringungsproblem für unsere Asylanten wäre so leicht zu lösen. Ich gebe gerne 50 kg Gas (Zyklon B).»[144]

Es waren nicht zuletzt solche Ereignisse, die mich 1992 bewogen haben, mit der Arbeit an dem vorliegenden Buch zu beginnen. Es ist meine feste Überzeugung, dass die Rückbesinnung auf die dunkelsten Phasen der deutschen Geschichte unabdingbar ist, wenn es darum geht, Wege in eine bessere Zukunft zu suchen, in der Menschenrecht und Menschenwürde zum unverzichtbaren Maß alles zwischenmenschlichen Handelns werden. Ich orientierte mich dabei an den so eindringlichen wie eindrücklichen Worten des 1989 verstorbenen Direktors des Münchner Institutes für Zeitgeschichte, Martin Broszat, der sich mit größter Entschiedenheit gegen alle Bestrebungen gewandt hat, die deutsche Vergangenheit zu «entsorgen» und den Mantel des Vergessens über die nationalsozialistischen Megaverbrechen zu breiten:

«Wer den Bürgern der Bundesrepublik den selbstkritischen Umgang mit ihrer älteren und jüngeren Geschichte wegschwatzen will, raubt ihnen eines der besten Elemente politischer Gesittung, das seit den späten 50er Jahren allmählich in diesem Staatswesen entwickelt worden ist. Am verräterischsten ist dabei die fundamentale Verkennung, als sei die durch die Not erworbene moralische Sensibilität gegenüber der eigenen Geschichte ein kultureller und politischer Nachteil verglichen mit anderen Nationen, und als gelte es, deren aus historischen Gründen oft robusteres oder naiveres und politisch meist schädliches historisches Selbstbewusstsein zu kopieren.»[145]

In der Tat: Wer die Notwendigkeit einer beständig erneuerten Sensibilität für die Gräuel von Auschwitz einer vermeintlichen deutschen «Normalität» opfern will, braucht sich nicht zu wundern, wenn später in Rostock, Mölln oder Solingen (wie in den

Neunzigerjahren), in Tröglitz oder Escheburg (wie anno 2015) Asylantenunterkünfte und von ausländischen Mitbürgern bewohnte Häuser nach Pogromnächten und Brandanschlägen in Flammen stehen...

Epilog

AUSCHWITZ UND DIE DEUTSCHE IDENTITÄT

Die Menschheitsgeschichte ist nicht eben arm an grauenvollen Episoden. Im Jahre 1909 bezeichnete der schottische Arzt und Schriftsteller Arthur Conan Doyle (1859–1930), der «Vater» des Meisterdetektives Sherlock Holmes, die Ausbeutung des Kongo durch die Administration des belgischen Königs Leopold als «das größte Verbrechen, das je in der Geschichte der Menschheit begangen wurde», und wahrscheinlich hatte er recht.[146] Sechs Jahre später, 1915 – der Weltkrieg hatte bereits begonnen, und in der Türkei war der Völkermord an den Armeniern[147] schon in vollem Gange –, hielt ein anderer Arzt, der Wiener Privatdozent Dr. Sigmund Freud (1856–1939), in Wien einen Vortrag mit dem Titel «Wir und der Tod», in dem er unter anderem ausführte, die Geschichte der Menschheit sei «vom Morde erfüllt»: «Noch heute ist ja das, was unsere Kinder als Weltgeschichte in der Schule lernen, im wesentlichen eine Reihenfolge von Völkermorden.»[148]

Um dies zu illustrieren, beginne ich mit einer Episode, die vermutlich weit genug zurückliegt, um heute keinen Streit der Meinungen mehr auszulösen:

Im Jahre 1256 marschierte ein riesiges mongolisches Heer in den Mittleren Orient – angelockt durch ein Hilfegesuch, das der König von Frankreich, Ludwig IX. «der Heilige», über den Franziskanermönch Wilhelm Rubruk an den Großkhan Möngke gerichtet hatte. Der Herrscher der Mongolen verfolgte zwar durchaus eigensüchtige Ziele, aber das christliche Gesuch schien ihm einen lohnenden Vorwand zu bieten, um das Reich der Abbasidenkalifen zu zerschlagen. Die von seinem Bruder Hulagu geführten Truppen eroberten am 15. Februar 1258 Bagdad. Sämtliche Einwohner – über 150 000 Menschen – wurden unterschiedslos ermordet; aus ihren Schädeln errichteten die Mongolen eine Pyramide, die über 20 Meter hoch gewesen sein soll.

Wir machen uns nur selten diese Schreckensszenarien bewusst, von denen in der Geschichte leider sehr viele zu finden sind. Wer sich gerade im Zusammenhang mit der Geschichte der Deutschen mit ihnen auseinandersetzt, wird rasch erkennen, dass diese bluttriefende Menschheitsgeschichte gleichsam jene Bühne bildet, auf der zwischen 1933 und 1945 das besonders blutige Drama des Nationalsozialismus inszeniert worden ist. Inwieweit hebt es sich als «besonders», als «einzigartig» von dieser Geschichte ab, ja sogar aus ihr heraus? Sind die Verbrechen der Nationalsozialisten wirklich «singulär» – und wenn ja, in welcher Hinsicht und wodurch?

Um einer Antwort auf diese schwierigen und schwerwiegenden Fragen näher zu kommen, möchte ich zwei Dokumente zitieren:

Das erste ist ein Schreiben der deutschen Seekriegsleitung an die Heeresgruppe Nord zur Belagerung Leningrads, die 1941 begann und rund eine Million Menschen, überwiegend Zivilisten, das Leben kostete[149]:

«Es ist beabsichtigt, die Stadt eng einzuschließen und durch Beschuß mit Artillerie und laufendem Lufteinsatz dem Erdboden gleichzumachen. Sich aus der Stadt ergebende Bitten um Übergabe werden abgeschlagen werden, da das Problem des Verbleibens und der Ernährung der Bevölkerung von uns nicht gelöst werden kann und soll. Ein Interesse an der Erhaltung auch nur eines Teiles dieser großstädtischen Bevölkerung besteht in diesem Existenzkrieg unsererseits nicht.»

Sehr ähnlich in Satzbau und Diktion wirkt das Protokoll der Wannsee-Konferenz[150] vom 20. Januar 1942, also wenig später:

«Unter entsprechender Leitung sollen die Juden im Osten zum Arbeitseinsatz kommen. In großen Arbeitskolonnen, unter Trennung der Geschlechter, werden die arbeitsfähigen Juden straßenbauend in diese Gebiete geführt, wobei zweifellos ein Großteil durch natürliche Verminderung ausfallen wird. Der allfällig endlich verbleibende Restbestand wird, da es sich bei diesem zweifellos um den widerstandsfähigsten Teil handelt, entsprechend behandelt werden müssen, da dieser, eine natürliche Auslese darstellend, bei Freilassung als Keimzelle eines neuen jüdischen Aufbaues anzusprechen ist. (Siehe die Erfahrungen der Geschichte.)»

Es ist, so mag es angesichts dieser Dokumente scheinen, wohl weniger das unermessliche Verbrechen als solches (denn derartige Blutbäder hat es immer wieder gegeben, siehe Bagdad 1258) als vielmehr die Art und Weise seiner Planung und Durchführung, die den Nationalsozialismus einzigartig gemacht hat – jene affektfreie Kanzleisprache, mit der ungeheuerlich anmutende Geschehnisse schon vorweg beschrieben werden, nota bene, ohne dass dabei je Worte wie «Tod», «Tötung» und natürlich erst recht nicht «Mord» fallen. Es ist dies dieselbe Sprache, in der die tüchtigen Ingenieure der Firma Topf und Söhne in Wiesbaden ihre nach Auschwitz gelieferten Krematorien als «kontinuierlich arbeitenden Leichen-Verbrennungsofen für den Massenbetrieb» etikettiert hatten.[151] Diesen «Massenbetrieb» galt es mit deutscher Gründlichkeit zu organisieren und selbstverständlich optimal – nach dem Warum und Wozu fragte man gar nicht erst. Oder in der Sprache Adolf Eichmanns, der die Gräueltaten von Auschwitz nie geleugnet hat, aber immer – auch noch mit der Schlinge um den Hals – betonte, dass er dabei auf höhere Weisung gehandelt habe: «Der Befehl war für mich das höchste, und dieser war gehorchend zu befolgen.»[152] Wobei hier das Adverb «gehorchend» besonders ins Auge fällt – als gelte es, die ja ohnehin unstrittige Befolgung des Befehls noch mit einer besonderen Würde zu umkleiden, mit jener der «gehorchenden Befolgung». Gemeint ist hier vermutlich eine innere Übereinstimmung etwa in Abgrenzung von einer «widerwilligen Befolgung». Eichmann hätte dies freilich unter dem Galgen nicht noch beteuern müssen – ohnehin hat ihm jeder diese Gehorsamsbereitschaft geglaubt.

Adolf Eichmann, sein Untergebener, der Auschwitz-Kommandant Rudolf Höß, und andere Männer von – vermutlich – ähnlichem Schlag sind von mir in Anlehnung an Alexander Mitscherlich und Jan Philipp Reemtsma als «Grausamkeitsprofessionelle» bezeichnet worden.[153] Gewiss, viele dieser «kalten Vollstrecker» mögen durchaus früher einmal geprügelte, gequälte und missbrauchte Kinder gewesen sein, also Opfer von «heißer» Grausamkeit. Und dennoch: Heranwachsende mit schrecklichen Kindheitserfahrungen dürfte es zu Beginn des 20. Jahrhunderts in Deutschland, Frankreich und dem zaristischen Russland (um hier nur diese drei Länder zu nennen) jeweils in großer Menge gegeben haben – aber nur in einem dieser Länder ist es zu der bekannten Explosion der Zahl von «kalter Grausamkeitsprofessionalität» gekommen, wie sie sich in den oben zitierten Schriftstücken ebenso wie in einem Ensemble schrecklicher Taten offenbart hat. Es handelte sich dabei um aggressive Akte, die sich – auch das muss immer wieder betont werden – eben nicht nur in einem «terminalen» Antisemitismus (um mit Daniel Goldhagen zu sprechen) verwirklicht haben, sondern ebenso auch im Terror gegen Slawen (siehe die Belagerung von Leningrad), «Zigeuner» und andere Menschengruppen, zum Beispiel Homosexuelle und Behinderte. Diese Vernichtungsbereitschaft traf samt und sonders alle Missliebigen und «Unbrauchbaren», die dem deutschen Drang zur Großmacht, die der vermeintlichen Suprematie der arischen Herrenrasse im Wege zu stehen schienen.

Es muss also zum möglicherweise gequälten kindlichen Ich noch etwas anderes hinzugetreten sein, um die Bereitschaft der Täter zum gleichmütig-technokratischen Massenmord zu erklären. Wählen wir, um das deutlich werden zu lassen, drei exemplarische Täterbiographien aus vielen möglichen aus: Adolf Hitlers Vater war ein cholerischer Finanzbeamter, Heinrich Himmlers Vater ein tyrannischer Lehrer und der Vater von Rudolf Höß ein ehemaliger Missionar mit fanatischen Zügen. Neben der lieblosen, jeden Anschein von «Schwäche» verachtenden Atmosphäre, die diese «Familienoberhäupter» in den von ihnen dominierten Kleinwelten allem Anschein nach zu schaffen wussten, fällt noch etwas anderes ins Auge: dass die Berufe der Väter (und möglicherweise auch das von ihnen verwaltete und vermittelte «Weltbild») sehr viel mit *Ordnung* zu schaffen hatten, mit dem Versuch, die Welt nach einem vorgegebenen, von übergeordneten Autoritäten generierten Muster bürokratisch und ideologisch zu strukturieren. Nicht allein die Brutalität des Elternhauses steht also zur Debatte, sondern, in meinen Augen sogar erstrangig, die Verknüpfung dieser Brutalität mit kleinbürgerlicher Pedanterie, auch mit dem Wunsch, eine «geordnete Fassade» zu wahren, also mit «Sekundärtugenden», die sich dann in mehr als einer Hinsicht in einem größeren Zusammenhang als «staatstragend» und «patriotisch» rechtfertigen konnten. Es ist die äußerlich wohlgeordnete, strenge, gefühlskalte Lebenswelt subalterner Beamter, in deren Weltverständnis «Vater Staat» (laut Friedrich Nietzsche «das kälteste aller kalten Ungeheuer») eine übergroße Rolle spielt.[154] Exakt *diese* Gegebenheiten dürften für den deutschen Sprachraum in den «Gründerjahren» (also zwischen der Reichsgründung 1871 und dem Kriegsbeginn 1914) eine entscheidende Rolle gespielt haben – die Zeit, in die Hitler (Jahrgang 1889), Himmler (Jahrgang 1900) und Höß (ebenfalls Jahrgang 1900) hineingeboren worden und in der sie aufgewachsen sind.

Etwa Drittes kommt noch hinzu:

Die erwähnte Zeitspanne 1871–1914 war, insbesondere seit dem aus heutiger Sicht als «Scharnierjahr» geltenden Jahr 1897, auch eine Epoche kollektiver Größenphantasien. In jenem Jahr 1897 hielt der damalige Reichskanzler Bernhard von Bülow seine berühmte Reichstagsrede, in der er für Deutschland einen «Platz an der Sonne» forderte und somit jene «Weltpolitik» einleitete, die letztlich in die Katastrophe von 1914 mündete (und deshalb darf man, wie oben geschehen, von einem «Scharnier» sprechen!). «Am deutschen Wesen wird die Welt genesen», so hat Kaiser Wilhelm II. genau zehn Jahre später, in einer Ansprache im Jahr 1907, Emanuel Geibels bekanntes Gedicht neu formuliert (im Originaltext dieses Gedichtes aus dem Jahr 1861, also in einer Zeit noch vor der Reichsneugründung, hatte es immerhin noch «mag» geheißen). Seine Reichstagsrede zum Kriegsbeginn am 4. August 1914 beendete derselbe Kaiser Wilhelm mit dem Satz «Nun wollen wir sie aber dreschen!». Und noch 1918, am 10. März, notierte die Kaiserliche Hoheit am Rande eines Artikels der «Münchner Allgemeinen Zeitung»: «Der kommende Friede wird unseren Feinden, so Gott will, aufgezwungen werden müssen. Sie werden erst zum Frieden schreiten, wenn sie so geschlagen sind, daß sie genug haben ... Also ein echter, rechter hausbackener Friede, wie er bisher immer nach jedem siegreichen Kriege geschlossen wurde. Volksbeglückende Weltbürgerschaftsgedanken finden darin keinen Platz. Nur das nackte eigene Interesse und die Garantie für die eigene Sicherheit und Größe dürfen maßgebend sein!»

Ein vergleichbares nationales Größenselbst existierte gewiss in nahezu allen imperialistischen Staaten jener Zeit; im Deutschen Reich war es allerdings, da erst spät entwickelt, besonders virulent und damit auch besonders aggressiv. Dies deshalb, weil ein großer Teil der deutschen Öffentlichkeit nicht nur fest davon überzeugt war, der eigenen Nation stehe jener «Platz an der Sonne» von Rechts wegen zu, sondern sich auch gewillt zeigte, ihn nötigenfalls mit Waffengewalt zu erkämpfen.[155] Dieses von vorneherein auf Konfrontation ausgerichtete Selbstbild («Platz da, jetzt komme ich», rufen kleine Jungen bei ähnlich strukturierten Spielen einander zu!) erlitt freilich in der Realität von 1918 fürchterlich Schiffbruch. Es kam nicht nur zur militärischen Niederlage, zu deren «Bewältigung» kollektive Verdrängung und Verleugnung alsbald in erstaunlichem Ausmaß aufgeboten wurden (siehe die kollektiven Phantasien von «Im Felde unbesiegt», von der «Dolchstoßlegende» etc.), sondern in der Folge auch zum «Schandvertrag» von Versailles, der als Demütigung und Entrechtung erlebt wurde. Hellsichtig schrieb der im Ersten Weltkrieg wegen pazifistischer Gesinnung inhaftierte, jeglicher Sympathie für das Naziregime ganz gewiss unverdächtige Philosoph Bertrand Russell schon 1935, also zwei Jahre nach Hitlers «Machtergreifung» und vier Jahre vor dem nächsten großen Krieg: «Wer in seiner Selbstachtung tödlich getroffen ist, denkt nicht mehr wie ein geistig gesunder, vernünftiger Mensch; und diejenigen, die eine Nation vorsätzlich demütigen, haben es sich selbst zuzuschreiben, wenn daraus eine Nation von Irren wird.»[156]

Einer, der diese Wendung der Dinge miterlebt und gewiss als eine überaus schwere Kränkung empfunden hat, ist der dreißigjährige Soldat Adolf Hitler gewesen. Später hat er oft genug betont, für ihn sei der Weltkrieg nie zu Ende gegangen. Daran, dass dieser Mann – nachdem er in einer klassischen «Wendung vom Passiven ins Aktive» beschlossen hatte, «Politiker zu werden» – einen zweiten, die Schmach von 1918 korrigierenden Waffengang anstrebte, daran konnte für alle kritischen Beobachter des Zeitgeschehens schon bei der Lektüre von «Mein Kampf» kein Zweifel mehr bestehen. Auch dass militärische Niederlage und demütigender «Friedensvertrag» jene verheerende «Katalysatorwirkung» entfaltet haben, die dem bis dato sich sozusagen im europäischen Durchschnitt bewegenden deutschen Antisemitismus eine neuartige, äußerst aggressive Schubkraft verleihen konnten – auch darüber kann nach der Lektüre von «Mein Kampf» kein Zweifel bestehen (entsprechende Zitate lassen sich im ersten Teil dieses Buches und in der dort zitierten weiterführenden Literatur in Hülle und Fülle finden!).

«Der Vernichtungsfriede – Werk der Juden!» – so hieß es auf vielen Flugblättern, die in der Weimarer Republik verteilt wurden, und: «Das deutsche Schwert ist von der Judenfeder besiegt worden. – Das darf kein Deutscher vergessen.» Das, was so viele in Deutschland bewegte, fasste dann im Frühjahr 1928 ein Werbeplakat der NSDAP für die Reichstagswahl am 20. Mai prägnant zusammen: «2 Millionen Tote! Umsonst? Niemals! – Frontsoldaten! Adolf Hitler zeigt Euch den Weg!»

Von den Täterpersönlichkeiten nun zu den Opfergruppen. Wer stand in Gefahr, Opfer des nationalsozialistischen Terrors zu werden? Die Antwort ist ernüchternd einfach: jeder, der der arischen Rasse- und Volksgemeinschaft im Wege stand auf ihrem Marsch zur angestrebten Weltherrschaft – der nicht- arische «Untermensch», der Jude oder auch Sinti oder Roma sein mochte, aber auch der slawische Kriegsgefangene oder der «Gemeinschaftsschädling», sei es ein homosexueller Mitbürger oder ein geistig behinderter Mitmensch; ebendadurch ist zu erklären, wie leicht in jenen Zeiten so vielen Autoren Begriffe wie «Minusvarianten», «Minderwertige», «Gemeinschaftsschädlinge», «Ballastexistenzen» etc. etc. aus der Feder flossen. Es konnte alle und jeden treffen – alle, die dem nationalsozialistischen Streben, durch zügellosen Terror eine neue Weltordnung zu bewirken, hinderlich und im Wege waren.

Könnte desgleichen wieder geschehen? Aus anthropologischer Sicht muss gesagt werden: vermutlich ja. Die Nationalsozialisten waren schließlich keine Fremdwesen aus den Tiefen des Weltraums, keine mörderischen «Aliens», sondern Menschen wie wir, und das Deutschland jener Zeit lässt sich betrachten als eine Art Versuchslabor des Bösen, in dem experimentell erforscht wurde, was Menschen einander antun können. Wir, die nach 1945 geboren sind, tragen daran keine Schuld, auch nicht als Deutsche. Sehr wohl aber stehen wir vor der Aufgabe, die Vergangenheit präsent zu halten und alles zu tun, was verhindern kann, dass Menschen noch einmal dieselben Wege und Irrwege beschreiten. Insofern ist und bleibt Auschwitz in der Tat und für immer Bestandteil der deutschen Identität. Wenn es also eine Lehre der Vergangenheit gibt, dann die, dass sie in diesem Sinn noch gar nicht vergangen ist.

Kurze Bemerkung zur Entstehungsgeschichte dieses Büchleins:

«Auch Büchlein haben ihr Schicksal»,[157] so schrieb der spätantike Schriftsteller Teretianus Maurus am Ende des dritten nachchristlichen Jahrhunderts in einem Lehrgedicht.

Für das vorliegende Buch gilt das ganz gewiss. Es geht zurück auf einen Text, den ich – erschüttert durch einen längeren Aufenthalt in Auschwitz und erschreckt durch die damaligen ausländerfeindlichen Gewalttaten – 1992 niedergeschrieben habe. Dieser Text wurde 1992 von den «Internationalen Ärzten für die Verhütung des Atomkrieges» (Träger des Friedensnobelpreises 1985), für die ich lange Jahre als deutscher Geschäftsführer gearbeitet hatte, als Broschüre mit dem Titel «Menetekel Auschwitz. Erinnern hilft Vorbeugen» veröffentlicht. Auf Initiative des ZEIT-Redakteurs und Historikers Karl-Heinz Janßen wurde aus diesem Text eine zweiteilige Veröffentlichung in der Rubrik «Zeitläufte», die in der ZEIT vom 18. und vom 25. September 1992 abgedruckt worden ist. Sie hatte nicht nur eine von General a. D. Otto Ernst Remer herausgegebene Broschüre «Die Zeit lügt! Stellungnahme von vier Wissenschaftlern zu einer Serie der Wochenzeitung ‹Die Zeit›» zur Folge,[158] sondern auch das Angebot des Münchner Verlegers Wolfgang Beck, in seinem Verlag ein knapp gehaltenes Büchlein mit demselben Thema zu veröffentlichen. Damit sollte eine schmerzlich empfundene Lücke geschlossen werden, denn die deutsche Geschichtswissenschaft hatte es fast 50 Jahre nach dem Ende des Zweiten Weltkrieges noch nicht fertiggebracht, ein handliches, kurzes, auch für den Schulunterricht taugliches Taschenbuch zum Thema «Auschwitz» auf den Markt zu bringen. Wolfgang Beck orientierte sich hier offenbar am Vorbild des Aufklärers Voltaire, der dem Enzyklopädisten d'Alembert 1766 geschrieben hatte: «Ich möchte gerne wissen, was wohl ein Buch, das 100 Taler kostet, Schlimmes anrichten kann... Die kleinen Taschenbücher zu 30 Sous werden gefürchtet.»

Wie dem auch sei – jedenfalls war das 1994 erschienenen Buch, der Vorläufer der jetzt vorliegenden neuen und grundlegend überarbeiteten Fassung, zunächst auch sehr erfolgreich: binnen drei Jahren war schon die fünfte Auflage erschienen.[159] Erst im neuen Jahrhundert erlahmte das Interesse allmählich, und 2010 war das Bändchen dann für einige Zeit vergriffen.

Umso mehr freut es mich, dass ich jetzt eine neue Fassung des Textes der Öffentlichkeit überantworten kann – sie ist überarbeitet, teilweise gestrafft und teilweise ergänzt worden (für die dabei erwiesene Hilfe möchte ich meiner Lektorin, Frau Dr. Alexandra Schumacher, sehr herzlich danken!).

Das Motiv, das mich bei dieser Arbeit geleitet hat, hat mit unvergänglichen Worten und sehr viel besser, als ich das je vermocht hätte, Bertolt Brecht in seiner nicht lange nach Kriegsende und ein Jahr nach meiner Geburt, nämlich 1950, entstandenen «Kinderhymne» beschrieben – und es reizt mich außerordentlich, diese Hymne dem rassistischen Kinderreim des sendungsbewussten Ariers David Irving (siehe oben, S. 89) gegenüberzustellen:

Anmut sparet nicht noch Mühe
Leidenschaft nicht noch Verstand
Daß ein gutes Deutschland blühe
Wie ein andres gutes Land.

Daß die Völker nicht erbleichen
Wie vor einer Räuberin
Sondern ihre Hände reichen
Uns wie andern Völkern hin.

Und nicht über und nicht unter
Andern Völkern wolln wir sein
Von der See bis zu den Alpen
Von der Oder bis zum Rhein.

Und weil wir dies Land verbessern
Lieben und beschirmen wir's
Und das liebste mag's uns scheinen
So wie andern Völkern ihrs.

Anmerkungen

1 Ernst Deuerlein: Hitlers Eintritt in die Politik und die Reichswehr, in: Vierteljahreshefte für Zeitgeschichte, 1959, S. 204.

2 Hierzu sehr erhellend das Buch von Hermann Glaser: Adolf Hitlers Hetzschrift «Mein Kampf». Ein Beitrag zur Mentalitätsgeschichte des Nationalsozialismus, München 2014. Glasers Werk liefert wichtige Hinweise zur Einordnung von Hitlers «Hetzschrift» in die deutsche Sozial- und Kulturgeschichte. Ergänzend hierzu siehe auch Barbara Zehnpfennig: Hitlers Mein Kampf. Eine Interpretation, München 2000. Wichtige Hinweise auf ideologische «Stichwortgeber» Hitlers finden sich auch bei Harald Strohm: Die Gnosis und der Nationalsozialismus, Frankfurt a. M. 1997.

3 Adolf Hitler: Mein Kampf, München 1924, S. 772.

4 Der Aufstieg der NSDAP in Augenzeugenberichten, herausgegeben und eingeleitet von Ernst Deuerlein, München 1974, S. 108.

5 Joseph Goebbels: Der Angriff. Aufsätze aus der Kampfzeit, München 1936, S. 322. Zu Goebbels siehe auch weiter unten, Anmerkung 9 und Anmerkung 31.

6 Am 31. März 1933, zwei Monate und einen Tag nach seinem Amtsantritt, sagte Hitler zu dem italienischen Botschafter Vittorio Cerruti (1881–1961): «Darüber besitze ich absolute Gewissheit, daß in fünf- oder sechshundert Jahren der Name Hitler überall als der Name dessen verherrlicht werden wird, der ein für allemal die Weltpest des Judentums ausgerottet hat.» Siehe Gianluca Falanga: Mussolinis Vorposten in Hitlers Reich. Italiens Politik in Berlin 1933–1945, Berlin 2008. Das Hitler-Zitat vom 31. März 1933 findet sich dort auf S. 27.

7 Zitiert nach Max Domarus: Hitler: Reden und Proklamationen 1932–1945. Kommentiert von einem deutschen Zeitgenossen. 2 Bände, Würzburg 1962/63, Bd. II, S. 1057. Diese Drohung Hitlers wurde von der Deutschen Wochenschau in vollem Wortlaut weiterverbreitet.

8 Siehe dazu auch John Lukacs: Der letzte europäische Krieg 1939–1941, Stuttgart 1978.

9 In verschiedenen späteren Ansprachen erwähnte Hitler ausdrücklich seine «Prophezeiung» von 1939, so in einer Rede vom 12. Dezember 1941, einen Tag nach der Kriegserklärung an die USA. Goebbels notierte am 13. Dezember in seinem Tagebuch: «Der Weltkrieg ist da, die Vernichtung des Judentums muß die notwendige Folge sein.» Zitiert nach Peter Longerich: Politik

der Vernichtung. Eine Gesamtdarstellung der nationalsozialistischen Judenverfolgung, München 1998, S. 467.

10 Siehe hierzu die Arbeit von Joachim Böhler: Auftakt zum Vernichtungskrieg. Die Wehrmacht in Polen 1939, Frankfurt a. M. 2006.

11 Rudolf Diels (1900–1957) hatte diesen Posten seit August 1932 inne. Die von ihm geleitete Abteilung I A des Berliner Polizeipräsidiums wurde im April 1933 in das Geheime Staatspolizeiamt (daher die Abkürzung «Gestapo») umgewandelt. Diels wurde allerdings infolge eines Machtkampfes zwischen Göring und Himmler im Herbst 1933 seines Postens enthoben. Im «Dritten Reich» war sein weiterer Werdegang recht wechselvoll, er bekleidete verschiedene Posten, wurde mehrfach verhaftet, ist aber gewiss nicht jener Widerstandskämpfer gewesen, zu dem er sich nach 1945 stilisieren wollte. Siehe hierzu auch Klaus Wallbaum: Der Überläufer. Rudolf Diels (1900 – 1957), der erste Gestapo-Chef des Hitler-Regimes, Frankfurt a.M. 2009. Zur Gestapo im Weltkrieg siehe auch Gerhard Paul und Klaus-Michael Mallmann (Herausgeber): Die Gestapo im Zweiten Weltkrieg. ‹Heimatfront› und besetztes Europa, Darmstadt 2000. Wichtige Informationen gibt auch Joachim Bornschein: Gestapochef Heinrich Müller, Leipzig 2004.

12 Rudolf Diels: Lucifer ante portas. Zwischen Severing und Heydrich (zuerst 1949), Stuttgart 1950, S. 223. Teile des Buches erschienen schon 1949 als Artikelserie im Nachrichtenmagazin Der Spiegel, Nr. 20 bis 28/1949. Zur Entstehung der Konzentrationslager siehe auch Klaus Drobisch und Günther Wieland: System der NS-Konzentrationslager 1933–1939, Berlin 1993.

13 Siehe hierzu Cornelia Essner: Die ‹Nürnberger Gesetze› – oder: Die Verwaltung des Rassenwahns 1933–1945, Paderborn 2002.

14 Die damals noch kinderlosen Eheleute Sendel und Ryfka Grynszpan waren 1911 aus dem russischen Polen nach Hannover übergesiedelt und wohnten dort zuletzt in der Burgstraße 36. Heute steht dort das Historische Museum, an dem 2013 eine Gedenktafel zur Erinnerung an die Grynszpans angebracht worden ist. Herschel hatte zwei ältere Geschwister, Markus und Berta. Markus und seine Eltern überlebten den Holocaust und wanderten nach dem Krieg nach Israel aus, wo Markus und sein Vater Sendel Grynszpan 1961 als Zeugen im Prozess gegen Adolf Eichmann ausgesagt haben. Siehe hierzu auch Armin Fuhrer: Herschel. Das Attentat des Herschel Grynszpan am 7. November 1938 und der Beginn des Holocaust, Berlin 2013.

15 Herschel hatte am 3. November 1938 eine Postkarte seiner Schwester Berta erhalten, die ihm die Not der unter Zurücklassung von Hab und Gut nach Polen deportierten Familie drastisch schilderte (diese Postkarte ist in ihrem Wortlaut bei Wikipedia unter dem Eintrag «Herschel Grynszpan» nachzu-

lesen). Bei dem von ihm erschossenen Diplomaten handelte es sich um den Botschaftssekretär Ernst von Rath, der an diesem Tag zufällig Dienst hatte. Grynszpan wurde in Frankreich inhaftiert, der von der Justiz gegen ihn vorbereiteten Anklage wegen Mordes folgte jedoch zunächst kein Prozess. Nach rund 20 Monaten Haft ohne Prozess wurde Herschel Grynszpan, jetzt 19 Jahre alt, nach dem deutschen Sieg im Frankreichfeldzug am 18. Juli 1940 den Deutschen übergeben und ins Gestapogefängnis nach Berlin gebracht. Zu dem von Goebbels angestrebten Schauprozess gegen ihn kam es jedoch nicht, möglicherweise weil Grynszpan drohte, dann über eine homosexuelle Beziehung zwischen ihm und von Rath auszusagen. Jedenfalls befahl Hitler im Juli 1942, den Prozess abzusetzen. Grynszpan wurde am 26. September 1942 ins Zuchthaus Magdeburg gebracht, wo er zu einem unbekannten Zeitpunkt und unter ungeklärten Umständen gestorben ist.

16 Diese offenbar zuerst in Berlin populär gewordene und zunächst durchaus nicht verharmlosend gemeinte Redensart nimmt ironisch Bezug auf die nach der Nacht der Zerstörung allenthalben herumliegenden Glasscherben.

17 Weitere Einzelheiten bei Hans-Jürgen Döscher: «Reichskristallnacht». Die Novemberpogrome 1938, zuerst Berlin 1988, als Taschenbuch Berlin 2000, und Alan E. Steinweis: Kristallnacht 1938. Ein deutscher Pogrom, Stuttgart 2013.

18 Kempner (1899–1993) hatte schon in den Dreißigerjahren Schriften veröffentlicht, die vor dem Nationalsozialismus warnten, zum Beispiel unter dem Pseudonym Eike von Repkow: Justiz-Dämmerung. Auftakt zum Dritten Reich, Berlin 1932. Kempner war wegen «politischer Unzuverlässigkeit in Tateinheit mit fortgesetztem Judentum» am 9. Februar 1933 seines Amtes im Preußischen Innenministerium enthoben worden. Nach eigenen Angaben traf er «einige Tage später» im Berliner Hotel Kempinski den ihm persönlich bekannten, ein Jahr jüngeren Rudolf Diels, der ihm bedeutete, es werde jetzt eine große Verhaftungsaktion vorbereitet, die sich keineswegs auf Kommunisten beschränken, sondern auch bürgerliche Gegner der Nationalsozialisten treffen werde. Siehe Robert W. Kempner: Ankläger einer Epoche, Frankfurt a. M./Berlin 1986, S. 110.

19 Robert W. Kempner in: Das Sonderrecht für Juden im NS-Staat. Eine Sammlung der gesetzlichen Maßnahmen und Richtlinien – Inhalt und Bedeutung. Hrsg.: J. Walk, Karlsruhe 1982, Bd. I, S. XIII.

20 So der Titel eines ausgezeichneten Buches des in Berlin geborenen Wissenschaftlers Avraham Barkai, das ich allen zur Lektüre empfehle, die sich von den Jahren 1933 bis 1943 ein genaueres Bild machen wollen. Avraham Barkai: Vom Boykott zur Entjudung. Der wirtschaftliche Existenzkampf der Juden im Dritten Reich 1933–1943, Frankfurt a. M. 1987. Weiterhin bietet

einen ausführlichen Überblick zu diesem Thema Peter Longerich 1998 (wie Anmerkung 9).

21 Die wirkliche Bedeutung lautete «Reichsanstalt für Industriefette»; in den damals verwendeten Lettern waren die Buchstaben für großes I und für großes J identisch.

22 Heute sind an diesem Ort eine Gedenkstätte und ein Dokumentationszentrum untergebracht.

23 Zu den Einzelheiten siehe Till Bastian: Furchtbare Ärzte. Medizinische Verbrechen im Dritten Reich, München 2001. Dort auch Hinweise auf weiterführende Literatur. Außerdem sind hilfreich die Aufsätze von Brigitte Kepplinger: ‹Vernichtung lebensunwerten Lebens› im Nationalsozialismus: Die ‹Aktion T4› und von Astrid Ley: Die ‹Aktion 14f13› in den Konzentrationslagern, beide in: Günter Morsch und Bertrand Perz (Hrsg.): Neue Studien zu nationalsozialistischen Massentötungen durch Giftgas. Historische Bedeutung, technische Entwicklung, revisionistische Leugnung, Berlin 2011.

24 Vor der Euthanasie-Aktion der Nationalsozialisten war Giftgas bereits dreimal zu Massentötungen eingesetzt worden: im Ersten Weltkrieg – hier zuerst durch die deutschen Truppen bei Ypern am 22. April 1915 –, später gegen Aufständische im spanischen Marokko und bei der Eroberung Abessiniens durch Italien. «Bis heute ist die Schreckenszeit in Äthiopien für Italien kein Thema», schrieb Ariam Mattioli in seinem lesenswerten Aufsatz «Eine veritable Hölle. Giftgas und Pogrome. Vor 60 Jahren endete die beispiellose Terrorherrschaft Italiens über Äthiopien», in: DIE ZEIT, 13. Dezember 2001.

25 Als tödliches Gas wurde hier Kohlenmonoxid verwendet, das im Ludwigshafener Werk der IG Farben mit Überdruck in 40-Liter-Stahlflaschen abgefüllt worden war, die beim Ausströmen jeweils etwa sechs Kubikmeter Gas lieferten. In einem Raum von 60 Kubikmeter Volumen (fünf mal vier Meter Grundfläche und drei Meter Höhe) hätte eine einzige Gasflasche nach vollständiger Entleerung für eine Konzentration von 10 % CO in der Atemluft gesorgt – eine binnen weniger Minuten tödliche Dosis. Siehe hierzu auch Eugen Kogon u. a. (Hrsg.): Nationalsozialistische Massentötungen durch Giftgas. Eine Dokumentation, Frankfurt a.M. 1983. Zur Beschaffung des CO und zu seiner Bevorratung siehe dort, S. 52f.

26 Zitiert nach Adalbert Rückerl: NS-Verbrechen vor Gericht, Heidelberg 1982, S. 35. Mit «Dr. B.» ist der noch während des Krieges verstorbene Anstaltsarzt Dr. Friedrich Berner gemeint. Siehe dazu auch Georg Lilienthal: Der Gasmord in Hadamar, in: Morsch und Perz (Hrsg.) 2011 (wie Anmerkung 23).

27 Einer der bedeutendsten Ärztefunktionäre der Bundesrepublik Deutsch-

land, Dr. Hans Joachim Sewering (1916–2010), Präsident der Bundesärztekammer 1973–1978, war an der Aktion «T4» aktiv beteiligt. Vom US-Außenministerium wurde er deshalb im Sommer 1994 auf die «Watch-List» gesetzt, erhielt also faktisch ein Einreiseverbot. In Deutschland freilich blieb er unbehelligt. Das «Deutsche Ärzteblatt» veröffentlichte am 19. Juli 2010 sogar noch einen Nachruf auf den am 18. Juni verstorbenen Sewering, in dem es wortwörtlich hieß: «Hans-Joachim Sewering vereinte politisches Gespür mit Intelligenz, Fantasie und Realitätssinn. Mit Überzeugungskraft, genauem Aktenstudium und immensem Fleiß, Beständigkeit und Verlässlichkeit hat er das Vertrauen bei Partnern und sogar Kontrahenten erworben. Stets an der Sache orientiert, hat er sich um den Erhalt eines freiheitlichen Gesundheitswesens und um die Wahrung ethischer Normen ärztlichen Handelns verdient gemacht» (Deutsches Ärzteblatt, Heft 28–29/2010, S. 1409).

28 Bereits einige Tage zuvor, am 28. Juli 1941, hatte Bischof Graf von Galen bei der Staatsanwaltschaft Münster wegen Mordes Anzeige gegen Unbekannt erstattet.

29 Die Tötung missliebiger Menschen erfolgte nach dem Abbruch der Aktion «T4» jetzt überwiegend durch Luminalinjektionen oder aber durch Verhungernlassen. Zu den Einzelheiten siehe Bastian 2001 (wie Anmerkung 23).

30 Herbert Lange, geboren 1909, studierte Rechtswissenschaft in Greifswald, ohne ein Examen abzulegen, trat 1932 in die NSDAP ein und kam 1933 zur SS, gleichzeitig trat er als Kriminalkommissar in den Polizeidienst ein. 1939 wurde er Leiter des nach ihm benannten Sonderkommandos und war in dieser Funktion mit der «Räumung» von psychiatrischen Kliniken, das heißt mit der Ermordung ihrer Insassen in Gaswagen, befasst. Von Dezember 1941 bis April 1942 leitete er das Vernichtungslager Chelmno/Kulmhof. Danach war er beim Reichssicherhauptamt in Berlin tätig und ist angeblich am 20. April 1945 bei den Kämpfen um Berlin gefallen.

31 Reinhard Tristan Heydrich – der seinen Vornamen manchmal Reinhard, manchmal aber auch Reinhardt schrieb –, geboren 1904, hatte kurz nach dem Überfall auf die Sowjetunion am 31. Juli 1941 von Hermann Göring den Befehl erhalten, die erforderlichen Vorbereitungen «für eine Gesamtlösung der Judenfrage im deutschen Einflussgebiet in Europa» zu treffen. Zu diesem Zweck organisierte er am 20. Januar 1942 in Berlin die berüchtigte «Wannsee-Konferenz». Zu dieser Mark Roseman: Die Wannsee-Konferenz. Wie die NS-Bürokratie den Holocaust organisierte, Berlin/München 2002. Zur Person Heydrichs siehe Robert Gerwarth: Reinhard Heydrich. Biographie, München 2013.
Am 27. März 1942, acht Wochen nach der Wannsee-Konferenz, notierte Jo-

seph Goebbels in seinem Tagebuch zur Situation im «Generalgouvernement Polen»: «Es wird hier ein ziemlich barbarisches und nicht näher zu beschreibendes Verfahren angewandt, und von den Juden selbst bleibt nicht mehr viel übrig.» Zur Person des Hitler-Getreuen und späteren Propagandaministers siehe Peter Longerich: Joseph Goebbels, München 2010 (das Zitat vom 27. März 1942 ist dort auf S. 507 nachzulesen).

32 Der Österreicher Odilo Globocnik, geboren 1904, war nach dem «Anschluss» Österreichs 1938 einige Monate Gauleiter in Wien und wurde nach dem deutschen Überfall auf Polen zum SS- und Polizeiführer im Distrikt Lublin des «Generalgouvernements» ernannt. 1943 wurde er zum Höheren SS- und Polizeiführer in der Operationszone «Adriatisches Küstenland» befördert, wo er die Partisanenbekämpfung leitete und die Deportation von Juden nach Auschwitz organisierte. Nach Kriegsende versuchte Globocnik, sich nach Österreich abzusetzen, wurde in Kärnten von der britischen Armee festgenommen und beging am 31. Mai 1945 Suizid. Siehe auch Johannes Sachslehner: Zwei Millionen ham'ma erledigt … Odilo Globocnik – Hitlers Manager des Todes, Wien 2014.

33 Siehe hierzu Dieter Pohl: Massentötungen durch Giftgas im Rahmen der ‹Aktion Reinhardt›, in: Morsch und Perz (Hrsg.) 2011 (wie Anmerkung 23); Bogdan Musial (Hrsg.): Die ‹Aktion Reinhardt›. Der Völkermord an den Juden im Generalgouvernement 1941–1944, Osnabrück 2004.

34 Seitens dieser «Reichstatthalterei» hatte schon am 16. Juli 1941 der SS-Sturmbannführer Heinz Höppner an Adolf Eichmann in Berlin geschrieben, es sei angesichts zu erwartender Engpässe bei der Nahrungsversorgung wohl das Beste, «die Juden, soweit sie nicht arbeitseinsatzfähig sind, durch irgendein schnellwirkendes Mittel zu erledigen …». Heinz Höppner, geboren 1910, wurde 1949 in Polen verurteilt (ob zu lebenslanger Haft oder zum Tode, ist nicht gesichert!), 1957 jedoch im Zuge einer Amnestie freigelassen und in die Bundesrepublik Deutschland abgeschoben. Dort blieb er unbehelligt, arbeitete als Oberregierungsrat im Bonner Wohnungsbauministerium und starb 1998 in einem Kölner Altenheim.

35 Anfang Oktober 1941 wurde das Referat II D 3a (Kraftfahrwesen der Sicherheitspolizei) des Reichssicherheitshauptamtes (RSHA) beauftragt, der SS «geschlossene Fahrzeuge» zur Verfügung zu stellen, bei denen eine Öffnung an der Unterseite des Kastenaufbaus mittels eines Metallschlauches mit dem Auspuff verbunden werden konnte. Die Firma Gaubschat in Berlin-Neukölln erhielt den Auftrag, mindestens sechs benzingetriebene 3,5-Tonner der Marken Diamond und Opel mit einem luftdichten Kastenaufbau zu versehen. Die Funktionstüchtigkeit dieser Wagen wurde bei einer «Probevergasung» russischer Kriegsgefangener im KZ Sachsenhausen ermittelt.

Zwei dieser Fahrzeuge wurden Anfang Dezember 1941 nach Chelmo/Kulmhof geliefert. Zu den Einzelheiten siehe Mathias Beer: Gaswagen. Von der ‹Euthanasie› zum Genozid, in: Morsch und Perz (Hrsg.) 2011 (wie Anmerkung 23).

36 Vergleiche hierzu Peter Klein: Massentötungen durch Giftgas im Vernichtungslager Chelmo, in: Morsch und Perz (Hrsg.) 2011 (wie Anmerkung 23). Darüber hinaus Michael Alberti: Die Verfolgung und Vernichtung der Juden im Reichsgau Wartheland 1939–1945, Wiesbaden 2006.

37 Im April 1942 korrespondierte die Lagerverwaltung von Kulmhof mit der Firma Gaubschat Fahrzeugwerke GmbH in Berlin, ob es möglich sei, auf der Ladefläche der LKW einen beweglichen Lattenrost anzubringen, um das Ausladen der Leichen und die Reinigung des durch Blut und Exkremente verschmutzten Aufbaus zu erleichtern.

38 Arthur Greiser, geboren 1897, ab 1939 zunächst Gauleiter und dann auch Reichsstatthalter im «Reichsgau Wartheland», wurde in Polen 1946 zum Tode verurteilt und am 21. Juli 1946 hingerichtet.

39 Siehe hierzu das eindrucksvolle Buch des Sobibor-Überlebenden Thomas Toivi Blatt: Nur die Schatten bleiben. Der Aufstand im Vernichtungslager Sobibor, Berlin 2000.

40 Am 19. Juli 1942 hatte Heinrich Himmler befohlen, das «Generalgouvernement Polen» endgültig von allen Juden zu räumen. Zur schillernden Person des «Reichsführers SS» siehe Peter Longerich: Heinrich Himmler. Biographie, München 2010. Wichtige Hinweise zu Himmlers «Arbeitsalltag» finden sich bei Peter Witte u. a. (Hrsg.): Der Dienstkalender Heinrich Himmlers 1941/42, Hamburg 1999. Dem Dokument ist zu entnehmen, dass Himmler am 13. Oktober 1941 um 15:30 Uhr mit seiner Tochter Gudrun («Püppi») in Gmund am Tegernsee sprach (möglicherweise besorgt und einfühlsam) und um 18 Uhr dem SS-Brigadeführer Odilo Globocnik (siehe Anmerkung 32) den Auftrag gab, das Vernichtungslager Belzec zu errichten. Gudrun Burwitz, geborene Himmler, war nach 1945 jahrelang eine der tragenden Figuren beim Verein «Stille Hilfe für Internierte und Kriegsgefangene e. V.», dem so mancher SS-Mann einen ungestörten Lebensabend verdankte. Siehe hierzu Oliver Schröm und Andrea Röpke: Stille Hilfe für braune Kameraden. Das geheime Netzwerk der Alt- und Neonazis, Berlin 2001.

41 Zu diesem System siehe Drobisch und Wieland 1993 (wie Anmerkung 12) und weiterhin Ulrich Herbert, Karin Orth und Christoph Dieckmann (Hrsg.): Die nationalsozialistischen Konzentrationslager. Entwicklung und Struktur, Göttingen 1998, sowie Karin Orth: Das System der nationalsozialistischen Konzentrationslager. Eine politische Organisationsge-

schichte, Hamburg 1999, weiterhin auch Wolfgang Benz/Barbara Distel (Hrsg.): Der Ort des Terrors, Band 1 bis 9, München 2005–2009 (Chelmo/Kulmhof siehe Band 8 dieser Reihe).

42 Zu den Ereignissen vom Juli 1934, als Hitler mit Gewalt die oft eigenwilligen SA-Männer unter Kontrolle bringen und ihren antibürgerlichen, auf eine Fortführung der in seinen Augen noch nicht vollendeten nationalsozialistischen «Revolution» pochenden Stabschef Ernst Röhm (einer von Hitlers ganz wenigen Duzfreunden!) im KZ Dachau von dessen Kommandanten Theodor Eicke ermorden ließ, ist nach wie vor unübertroffen Charles Bloch: Die SA und die Krise des NS-Regimes 1934, Frankfurt a. M. 1970.

43 So der Titel des lesenswerten Buches von Tom Segev: Die Soldaten des Bösen. Zur Geschichte der KZ-Kommandanten, Reinbek 1992. Weiterhin lesenswert ist Karin Orth: Die Konzentrationslager-SS. Sozialstrukturelle Analysen und biographische Studien, Göttingen 2000, sowie Roland Smelser und Enrico Syring (Hrsg.): Die SS: Elite unter dem Totenkopf. 30 Lebensläufe, Paderborn 2000.

44 Theodor Eicke, geboren 1892, verbrachte im Frühjahr 1933 einige Zeit in der Psychiatrischen und Nervenklinik der Universität Würzburg, sein behandelnder Arzt war damals Werner Heyde, 1902–1964 (Suizid im Gefängnis kurz vor Prozessbeginn), später führend an der Aktion «T4» beteiligt. Eicke wurde nichtsdestotrotz am 26. Juni 1933 Kommandant des KZ Dachau, wo er ein Jahr später den SA-Stabschef Ernst Röhm ermordete (siehe Anmerkung 42). Am 10. Dezember 1934 wurde er Leiter der Inspektion der Konzentrationslager, die damals noch dem Geheimen Staatspolizeiamt, ab März 1942 dem SS-Wirtschafts- und Verwaltungshauptamt zugeordnet war. Ab 1939 konzentrierte sich Eicke auf seine Funktion als Führer der SS-Totenkopfverbände (diesen Titel führte er am März 1936); als Leiter der Inspektion der Konzentrationslager wurde er am 15. November 1939 von Richard Glücks (siehe Anmerkung 55) abgelöst. Am 26. Februar 1943 kam Eicke bei einem Aufklärungsflug in der Ukraine ums Leben, als seine Maschine von sowjetischen Truppen abgeschossen wurde. Zu seiner Person siehe Niels Weise: Eicke – eine SS-Karriere zwischen Nervenklinik, KZ-System und Waffen-SS, Paderborn 2013.

45 Norbert Frei: Der Führerstaat. Nationalsozialistische Herrschaft 1933 bis 1945, München 1987 (erweiterte Neuausgabe 2001), S. 123.

46 Werner Best, geboren 1903, nach der «Machtergreifung» Hitlers Stellvertretender Leiter des Geheimen Staatspolizeiamtes, seit 1942 Reichsbevollmächtigter in Dänemark, wurde in Kopenhagen 1948 zum Tode verurteilt, aber 1951 aus der Haft entlassen; danach lebte er in der Bundesrepublik und wusste sich vor allem dank ärztlicher Atteste vor jeglicher strafrechtlichen

Verfolgung zu schützen; 1989 starb er kurz vor der Eröffnung eines Gerichtsverfahrens gegen ihn. Zu seiner Person siehe Ulrich Herbert: Best. Biographische Studien über Radikalismus, Weltanschauung und Vernunft 1903–1989, Bonn 1996.

47 Zitat nach Norbert Frei 1987 (wie Anmerkung 45), S. 124.

48 Zu diesem Thema finden sich nähere Informationen in der auf der Doktorarbeit der Autorin fußenden Studie von Gisela Diewald-Kerkmann: Politische Denunziation im NS-Regime oder: Die kleine Macht der ‹Volksgenossen›, Bonn 1995.

49 Wolfgang Sofsky: Die Ordnung des Terrors. Das Konzentrationslager, Frankfurt a. M. 1993, S. 48.

50 Zum Themenkomplex Zwangsarbeit im Nationalsozialismus kann man sich hervorragend informieren bei Mark Spoerer: Zwangsarbeit unter dem Hakenkreuz. Ausländische Zivilarbeiter, Kriegsgefangene und Häftlinge im Dritten Reich und im besetzten Europa 1938–1945, Stuttgart München 2001, sowie mit einem zeitlich weiter gefasstem Überblick bei Ulrich Herbert: Geschichte der Ausländerpolitik in Deutschland. Saisonarbeiter – Zwangsarbeiter – Gastarbeiter – Flüchtlinge, München 2001.

51 Sybille Steinbacher: Auschwitz. Geschichte und Nachgeschichte, München 2004, S. 41. Zu diesem Thema siehe auch Jan Erik Schulte: Zwangsarbeit und Vernichtung. Das Wirtschaftsimperium der SS, Paderborn 2001.

52 Nach Wolfgang Sofsky 1993 (wie Anmerkung 49), S. 57. Die Tabelle enthält nur jene Konzentrationslager, für die halbwegs gesicherte Schätzungen der Opferzahlen vorliegen.

53 Siehe hierzu Martin Broszat (Hrsg.): Kommandant in Auschwitz. Autobiographische Aufzeichnungen des Rudolf Höß, München 1963. Höß führte weiter aus: «Die Zahl der in Auschwitz zur Vernichtung eingelieferten Juden gab ich in früheren Vernehmungen mit 2 ½ Millionen an. Diese Zahl stammt von Eichmann. ... Ich halte die Zahl von 2 ½ Millionen für viel zu hoch. Die Möglichkeiten der Vernichtung hatten auch in Auschwitz ihre Grenze» (ebenda, S. 251). Zur Person des Rudolf Höß siehe den obigen Text, S. 56 ff. und weiter unten, Anmerkung 91.

54 Siehe hierzu das für eine kurze Übersicht geeignete Buch von Sybille Steinbacher (wie Anmerkung 51) sowie die sehr ausführliche Darstellung von Robert Jan van Pelt und Debórah Dwork: Auschwitz. Von 1270 bis heute (zuerst New York 1996), Zürich 1998. Ebenfalls empfehlenswert ist Laurence Rees: Auschwitz. Geschichte eines Verbrechens (zuerst London 2005), Berlin 2005.

55 Richard Glücks, geboren 1889, übernahm von Theodor Eicke (siehe Anmerkung 44), dessen Stellvertreter er lange war, 1939 die «Inspektion der Kon-

zentrationslager». Er hatte diese Position bis Kriegsende inne. Am 10. Mai 1945 beging Glücks im Marinelazarett Flensburg-Mürwik Suizid.

56 Otto Ambros, geboren 1901, promovierte 1925 an der Universität München und war ab 1934 beim IG-Farben-Konzern tätig, wo er 1936 Geschäftsführer des Buna-Werkes Schkopau wurde (siehe Anmerkung 63). Nach 1941 besuchte er mehrfach das KZ Auschwitz. Im IG-Farben-Prozess am 30. Juli 1948 zu acht Jahren Haft verurteilt, wurde er 1952 aus dem Gefängnis entlassen und hatte danach etliche Aufsichtsratsposten inne, so bei den Pharmaunternehmen Grünenthal und Knoll. Außerdem war er Berater von Konrad Adenauer und Friedrich Flick. Am 23. Juli 1990 ist Ambros gestorben; in einer Todesanzeige nannte ihn die Knoll AG «eine ausdrucksvolle Unternehmerpersönlichkeit von großer Ausstrahlungskraft».

57 Carl Krauch, geboren 1887, studierte in Heidelberg und Gießen Botanik und Chemie und schloss das Chemiestudium 1911 in Gießen mit der Promotion ab. Ab 1912 bei der BASF tätig, machte er nach der Bildung der IG-Farben 1925 rasch Karriere in diesem neuen Großkonzern und leitete dort ab 1935 die «Vermittlungsstelle Wehrmacht». 1940 wurde er Aufsichtsratsvorsitzender. Nach Kriegsende zunächst unter Hausarrest gestellt, wurde er im IG Farben-Prozess 1948 zu sechs Jahren Haft verurteilt, aber schon 1950 wieder auf freien Fuß gesetzt. Danach war er Aufsichtsratsmitglied der Chemischen Werke Hüls AG. Am 3. Februar 1968 ist Krauch gestorben.

58 Für diesen Abschnitt stütze ich mich im Wesentlichen auf die Angaben bei Danuta Czech: Kalendarium der Ereignisse im Konzentrationslager Auschwitz-Birkenau 1939–1945, Reinbek 1989, und auf die in Anmerkung 54 genannten Werke.

59 Gerhard Palitzsch, geboren 1903, wurde im Juni 1943 Leiter des «Zigeunerlagers» von Auschwitz. Wegen etlicher Affären mit weiblichen Häftlingen und weil er schließlich im «Zigeunerlager» mit dem weiblichen Häftling Vera Lukans in eindeutiger Situation erwischt worden war, wurde er mehrfach strafversetzt und wegen dieser und anderer Taten von einem SS- und Polizeigericht Ende 1943 zum Tode verurteilt, dann aber begnadigt und einer Bewährungseinheit zugeteilt, bei der er am 7. Dezember 1944 bei Kampfhandlungen in Ungarn getötet worden ist.

60 Bruno Brodniewicz, geboren 1895, war wegen seiner Brutalität allenthalben gefürchtet und wurde im Lager «der schwarze Tod» genannt. Wegen verschiedener Diebstähle Ende 1942 als Lagerältester abgelöst, wurde er zuerst ins «Zigeunerlager», dann in verschiedene Nebenlager abkommandiert. Nach der Evakuierung des Lagers Auschwitz gelangte er in das KZ Bergen-Belsen, wo er nach der Befreiung im April 1945 von seinen ehemaligen Mithäftlingen getötet worden ist.

61 Bis in die Neunzigerjahre des letzten Jahrhunderts trafen sich die Überlebenden dieses Transportes regelmäßig, um von Tarnow nach Auschwitz zu fahren. Laut Stanislaw Ryniak, geboren 1915, der am 14. Juni 1940 die Häftlingsnummer 31 erhielt, hatten von den 728 Männern 267 das KZ überlebt. «Er meint, das seien viele gewesen. Teilnehmer anderer Transporte wurden bisweilen gleich nach der Ankunft im Lager liquidiert.» Zitiert nach: Holocaust – Trinksprüche auf die toten Freunde, Der Spiegel, Nr. 27/1997.

62 Karl Fritzsch, geboren 1903, war vom 14. Juni 1940 bis zum 1. Februar 1942 Schutzhaftlagerführer im Stammlager Auschwitz und führte dort die ersten Massentötungen mit Zyklon B durch (siehe Text!). 1942 zunächst ins KZ Flossenbürg, dann ins KZ Mittelbau-Dora versetzt, wurde er im Oktober 1944 an die Front abkommandiert, wo er vermutlich im Frühjahr 1945 bei der Schlacht um Berlin getötet worden ist.

63 Das Kunstwort BUNA steht für synthetisch hergestellten Kautschuk und ist aus den Anfangsbuchstaben der zur Kautschuksynthese notwendigen Bestandteile BUtadien und NAtrium gebildet. BUNA war ein eingetragenes Warenzeichen der I.G. Farbenindustrie Aktiengesellschaft, kurz IG-Farben. Der künstliche Kautschuk wurde von dem deutschen Chemiker Walter Bock 197 in Leverkusen entwickelt; 1929 erhielt die IG-Farben hierfür das Patent. Das erste BUNA-Werk waren die 1935 errichteten Buna-Werke Schkopau (zu DDR-Zeiten dann «VEB Plaste und Elaste»), wo die Massenproduktion 1939 begann. Ein zweites Werk errichtete die IG-Farben ab 1940 in Ludwigshafen; die dritte Produktionsstätte wäre das Werk in Auschwitz gewesen – 1944 die größte Baustelle Europas.

64 Karl Wolff, geboren 1900, war ein enger Freund Reinhard Heydrichs. Er fungierte von 1935 bis 1943, als er zum höchsten SS- und Polizeiführer in Italien befördert wurde, als Chef des Stabes des Reichsführers SS. 1945 von amerikanischen Truppen verhaftet, wurde er in den Nürnberger Prozessen als Zeuge gehört, jedoch nicht angeklagt. 1948 zu einer kurzen Haftstrafe verurteilt, wurde er im Juni 1949 freigelassen, 1962 vom Amtsgericht Weilheim wegen seiner Beteiligung am Judenmord angeklagt und am 30. September 1964 vom Landgericht München II wegen Beihilfe zum Mord zu 15 Jahren Haft verurteilt. Schon im August 1969 wurde er jedoch aus gesundheitlichen Gründen aus dem Gefängnis entlassen. Am 15. Juli 1984 ist Wolff als freier Mann gestorben, nachdem er kurz zuvor zum Islam konvertiert war. Nähere Ausführungen zu seiner Person finden sich in Smelser und Syring, Paderborn 2000 (wie Anmerkung 43).

65 Heinrich Bütefisch, geboren 1894, studierte ab 1911 in Hannover Chemie und schloss nach seinem Wehrdienst im Ersten Weltkrieg das Studium 1920 mit der Promotion ab. 1938 wurde er Vorstandsmitglied im Techni-

schen Ausschuss der IG-Farben. Ab 1941 war er Leiter der Treibstoffproduktion im Werk IG Auschwitz. 1948 zu sechs Jahren Haft verurteilt, wurde er wie Otto Ambros (siehe Anmerkung 56) 1951 vorzeitig aus der Haft entlassen. Danach saß er im Aufsichtsrat etlicher Industrieunternehmen, so der Feldmühle AG und der Gasolin AG. Am 13. August 1969 ist Bütefisch gestorben.

66 Zum Schicksal sowjetischer Kriegsgefangener ist nach wie vor äußerst lesenswert der «Klassiker» von Christian Streit: Keine Kameraden. Die Wehrmacht und die sowjetischen Kriegsgefangenen 1941–1945, Stuttgart 1978.

67 Horst Schumann, geboren 1906, studierte in Halle Medizin, promovierte ebendort, arbeitete ab 1934 beim Gesundheitsamt Halle und wurde bei Kriegsbeginn 1939 Arzt bei der Luftwaffe. Ab 1940 im Rahmen der Aktion «T4» Leiter der Tötungsanstalt Grafeneck, leitete er nach deren Schließung die ebenfalls mit der Tötung von Euthanasie-Opfern beauftragte Anstalt Sonnenstein bei Pirna (zu dieser siehe Thomas Schilter: Unmenschliches Ermessen. Die nationalsozialistische ‹Euthanasie›-Tötungsanstalt Pirna-Sonnenstein 1940 – 41, Leipzig 1999). Zuvor hatte Schumann eine mehrwöchige Fortbildung bei Professor Werner Dr. Heyde, dem ärztlichen Leiter der Aktion «T4» (siehe auch Anmerkung 23), an der Universitätsklinik Würzburg absolviert. Aus der Anstalt Sonnenstein, wo er an der Tötung von fast 15 000 Menschen maßgeblich beteiligt war, kam er mit einer Ärztekommission zur Selektion von Häftlingen 1941 nach Auschwitz. 1942 wurde er endgültig nach Auschwitz versetzt, wo er die oben beschriebenen medizinischen Experimente durchführte. Nach der Auflösung des Lagers an die Westfront abkommandiert, tauchte er nach Kriegsende unter, eröffnete eine Arztpraxis, floh aber 1951 ins Ausland, als er von staatsanwaltschaftlichen Ermittlungen gegen ihn erfuhr. Er lebte in Ägypten, im Sudan und schließlich in Ghana, das ihn am 17. November 1966 an Deutschland auslieferte. Dort wurde er in der Strafvollzugsanstalt Butzbach/Hessen inhaftiert. Am 23. September 1970 begann ein Prozess gegen Schumann vor dem Landgericht Frankfurt a.M., wurde aber am 14. April 1971 wegen vermeintlicher Verhandlungsunfähigkeit des Angeklagten eingestellt. Am 29. Juli 1972 wurde Schumann aus der Haft entlassen, starb aber trotz seiner angeblich schlechten Gesundheit erst am 5. Mai 1983 als freier Mann.

68 Höß, Aufzeichnungen in Krakau, in: Broszat (Hrsg.), wie Anmerkung 53, S.237.

69 Zu Eichmanns Person siehe David Cesarini: Adolf Eichmann. Bürokrat und Massenmörder (zuerst London 2002), Berlin 2004. Wertvolle Informationen gibt auch Yaacov Lozowick: Hitlers Bürokraten. Eichmann, seine willigen Vollstrecker und die Banalität des Bösen, Zürich 2000. Über Franz

Novak, der für Eichmann die Reichsbahntransporte mit Tausenden von Deportierten organisierte, siehe Kurt Pätzold und Erika Schwartz: ‹Auschwitz war für mich nur ein Bahnhof›. Franz Novak – der Transportoffizier Adolf Eichmanns, Berlin 1994.

70 Wie Anmerkung 68.

71 Sigfried Schwela, geboren 1905, seit 1941 in Auschwitz Lagerarzt, stirbt am 10. Mai 1942 in Auschwitz an einer Fleckfiebererkrankung.

72 Der damals als Krankenpfleger eingesetzte Häftling Wojciech Barcz schreibt dazu: «Der Anblick, der sich uns bot, als wir die Zellentüren aufmachten, war ungefähr der, wie wenn man einen prallgefüllten Koffer öffnet. Die Leichen fielen uns entgegen. Ich schätze, daß bis zu 70 Leichen in einer kleinen Zelle zusammengepfercht waren, so eng, daß sie auch als Tote nicht umfallen konnten, sondern standen... Alle Anzeichen eines furchtbaren Todeskampfes waren noch zu sehen.» Zitiert nach van Pelt und Dwork 1998 (wie Anmerkung 54), S. 323.

73 Am 30. Juni 1942 folgt Bunker Nr. 2 (da seine Außenwände verputzt waren, auch «weißes Häuschen» genannt). Am 4. Juli werden aus einem Transport mit Juden aus der Slowakei 264 Männer und 108 Frauen ins Lager eingewiesen, 628 Personen in die neuen Gaskammern des «Weißen Häuschens» geschickt. Der französische Jude André Lettich, ein Arzt, der zur Arbeit in Bunker Nr. 2 gezwungen worden war, schreibt darüber: «Die Türen wurden geschlossen, und 10 Minuten später war die Temperatur hoch genug für die Verdampfung von Zyanwasserstoff, denn dies war es, womit die Verdammten vergast wurden. Dies war das sogenannte Zyklon B, mit 20 Prozent Zyanwasserstoff getränkte Kieselerdekörner, die von den deutschen Barbaren benutzt wurden. Dann warf SS-Unterscharführer Moll das Gas durch die kleine Öffnung ein. Man konnte angstvolle Schreie hören, aber wenige Augenblicke später herrschte völlige Stille. 20 bis 25 Minuten später wurden Türen und Fenster geöffnet, um die Räume durchzulüften.» Zitiert nach van Pelt und Dwork 1998 (wie Anmerkung 54), S. 338.

74 Zitiert bei Rückerl 1982 (wie Anmerkung 26), S. 62f. aus den Akten der Zentralstelle Ludwigsburg, 402 AR-Z 37/58 Band 39, Bl. 6878ff. – der Name des Zeugen ist dort nicht genannt, es handelte sich aber um den SS-Mann Richard Böck.

75 Fritz Bracht, geboren 1899, übernahm am 27. Januar 1941 die Gauleitung von Oberschlesien mit Sitz in Kattowitz. Im Kurort Bad Kudowa in Niederschlesien, wohin er sich Ende Januar 1945 abgesetzt hatte (Evakuierungsmaßnahmen für die deutsche Zivilbevölkerung hatte er zuvor stets abgelehnt), beging Bracht am 9. Mai 1945 Suizid.

76 Johann Paul Kremer, geboren 1883, studierte zunächst Biologie, Mathema-

tik und Philosophie und promovierte 1914 zum Dr. phil. Dann begann er ein Studium der Medizin, das er 1918 ebenfalls mit der Promotion abschloss. Nach diversen Stellen arbeitete er ab 1927 am anatomischen Institut der Universität Münster, wo er sich 1929 habilitierte. 1932 trat er der NSDAP, 1934 der SS bei. Im Krieg im SS-Lazarett Prag tätig, wurde er nach Auschwitz abkommandiert, wo er am 30. August 1942 eintraf und bis zum 18. November 1942 blieb. Nach dem Krieg wurde er von britischen Soldaten verhaftet, nach Polen ausgeliefert und im Krakauer Auschwitz-Prozess am 22. Dezember 1947 zum Tode verurteilt. Wenig später wurde er zu einer lebenslänglichen Haftstrafe begnadigt und 1958 in die Bundesrepublik abgeschoben. Vom Landgericht Münster des Mordes angeklagt, wurde Kremer am 29. November 1960 wegen Beihilfe zum Mord zu einer Haftstrafe von zehn Jahren verurteilt, die durch seine Haftzeit als verbüßt galt. Kremer, der 1964 im Frankfurter Auschwitz-Prozess als Zeuge ausgesagt hat, starb am 8. Januar 1965 in Münster als freier Mann.

77 Staatliches Auschwitz-Museum: Auschwitz in den Augen der SS. Rudolf Höß, Pery Broad, Johann Paul Kremer, Warschau 1992, S. 153–155.

78 Karl Bischoff, geboren 1897, war Ingenieur und wurde am 1. Oktober 1941 mit der «Sonderbauleitung» (später Zentralbauleitung) im KZ Auschwitz betraut, wo er bald mit Kurt Prüfer von der Firma Topf und Söhne in Erfurt eng zusammenarbeitete. Bischoff starb am 2. Oktober 1950 in Bremen, ohne jemals von den Behörden der Bundesrepublik behelligt worden zu sein.

79 Eidesstattliche Erklärung vor dem Gerichtshof von Nürnberg, 5. April 1946.

80 Arthur Liebehenschel, geboren 1901, wurde im Krakauer Auschwitz-Prozess am 22. Dezember 1947 zum Tode verurteilt und am 24. Januar 1948 hingerichtet.

81 Richard Baer, geboren 1911, war nach der Abberufung von Josef Kramer (siehe Anmerkung 83) im Dezember 1944 zusätzlich zu seiner Funktion als Kommandant von Auschwitz I (Stammlager) noch Kommandant von Auschwitz II (Birkenau). Er wurde nach der Evakuierung des KZ Auschwitz Kommandant des Konzentrationslagers Mittelbau-Dora, setzte sich von dort rechtzeitig ab, versteckte sich unter dem Namen Karl Neumann vor den Behörden und arbeitete als Forstarbeiter in der Region Hamburg. Im Zuge der Ermittlungen zum Frankfurter Auschwitz-Prozess wurde er per Haftbefehl gesucht und am 20. Dezember 1960 verhaftet. In der Untersuchungshaft starb Baer am 17. Juni 1963 an einem Herzinfarkt.

82 Friedrich Hartjenstein, geboren 1905, wurde von der SS-Totenkopf-Division nach einer Verwundung im September 1942 nach Auschwitz versetzt, wo er im November 1943 Kommandant des Lagers Auschwitz II (Birkenau)

wurde. Da er in den Augen von Rudolf Höß, dem zuvor nach Berlin abberufenen Kommandanten des gesamten Lagerkomplexes Auschwitz, in seiner Funktion versagte hatte, wurde er im Mai 1944 durch Josef Kramer (siehe Anmerkung 83) ersetzt. Hartjenstein übernahm von Kramer die Leitung des Lagers Natzweiler auch nach dessen Auflösung und der Verlegung der Kommandantur (der die noch bestehenden Außenlager unterstanden) auf die rechte Rheinseite. Inhaftiert und von französischen Militärgerichten 1947 und 1954 zum Tode verurteilt, starb Hartjenstein noch vor der Vollstreckung des Urteils am 20. Oktober 1954 im Gefängnis an einem Herzinfarkt.

83 Josef Kramer, geboren 1906, wurde im Mai 1940 vom KZ Mauthausen nach Auschwitz versetzt, wo er zunächst Adjutant des Kommandanten Rudolf Höß gewesen ist. Von dort zunächst nach Dachau, dann nach Natzweiler abkommandiert, kehrte er im Mai 1944 nach Auschwitz zurück und wurde dort Kommandant von Auschwitz II (Birkenau). Von dort wurde er nach Bergen-Belsen versetzt und übernahm dort am 1. Dezember 1944 die Lagerleitung. Nach der Befreiung des dortigen Lagers am 15. April 1945 wurde Kramer am 17. April von britischen Truppen verhaftet, im September 1945 mit 44 anderen Mitgliedern der Lagerbesatzung vor ein britisches Militärgericht gestellt, am 17. November zum Tode verurteilt und am 13. Dezember 1945 hingerichtet. Siehe hierzu auch Eberhard Kolb: Bergen-Belsen. Geschichte des ‹Aufenthaltslagers 1943–1945, Hannover 1962.

84 Heinrich Schwarz, geboren 1906, wurde 1943 Kommandant des Lagers Auschwitz III (Monowitz) und übernahm nach dessen Evakuierung die Leitung des KZ Natzweiler, wo er in dieser Funktion auf Friedrich Hartjenstein (siehe Anmerkung 82) folgte. Von einem französischen Militärgerichtshof wurde er wegen seiner dort begangenen Verbrechen 1947 zum Tode verurteilt und am 20. März 1947 hingerichtet.

85 Zitiert nach: Auschwitz in den Augen der SS (wie Anmerkung 77), S. 129 f.

86 Heinz Thilo, geboren 1911, beendete 1935 sein Medizinstudium in Jena mit der Promotion, arbeitete dann als Gynäkologe für die «Organisation Lebensborn» und wurde im Juli 1942 ins KZ Auschwitz versetzt. Dort nahm er häufig an Selektionen teil. Wenn wir seinem Kollegen Johann Paul Kremer (siehe Anmerkung 76) glauben können, war es der Einfall seines Kollegen Thilo, Auschwitz als «anus mundi» («Arsch der Welt») zu bezeichnen. Im Oktober 1944 in das KZ Groß-Rosen versetzt, war er bis zur Auflösung des Lagers im Februar 1945 Lagerarzt. Am 13. Mai 1945 beging Thilo Suizid.

87 Edmund Veesenmayer, geboren 1904, studierte Wirtschaftswissenschaften, beendete das Studium mit der Promotion und war Dozent an Hochschulen in München und Berlin. Über die SS, in die er 1934 eingetreten war, kam er

ans Auswärtige Amt und wurde 1944 Generalbevollmächtigter des «Dritten Reichs» in Ungarn. Am 11. April 1949 im «Wilhelmstraßenprozess» zu 20 Jahren Haft verurteilt, wurde er jedoch schon im Dezember 1951 begnadigt und aus der Haft entlassen. In der Bundesrepublik Deutschland gehörte er zeitweise der FDP an und erwarb sich als erfolgreicher Geschäftsmann ein beachtliches Vermögen. Veesenmayer starb am 24. Dezember 1977 in Darmstadt. Zu Veesenmayer, aber auch zur Rolle des Auswärtigen Amtes im Hitler-Imperium im Allgemeinen siehe Eckart Conze, Norbert Frei und andere: Das Amt und die Vergangenheit. Deutsche Diplomaten im Dritten Reich und in der Bundesrepublik, München 2010. Über Veesenmayer in Ungarn ebendort S. 260 ff.

88 Die «Zigeuner» – sie hatten eigene Häftlingsnummern, denen der Buchstabe Z vorangestellt wurde – galten lange Zeit quasi als Auschwitz-Opfer «zweiter Klasse» und wurden in den Darstellungen der Gräuel von Auschwitz oft vergessen. Erst am 24. Oktober 2012 wurde in Berlin das «Denkmal für die im Nationalsozialismus ermordeten Sinti und Roma Europas» in Sichtweite des Reichstagsgebäudes eingeweiht. Zur schnellen Orientierung über den Völkermord an den Sinti und Roma eignet sich mein Buch Till Bastian: Sinti und Roma im Dritten Reich. Geschichte einer Verfolgung, München 2001. Ausführlichere Darstellungen bieten Michael Zimmermann: Rassenutopie und Genozid. Die nationalsozialistische «Lösung der Zigeunerfrage», Hamburg 1996, und Günter Lewy: «Rückkehr nicht erwünscht». Die Verfolgung der Zigeuner im Dritten Reich (zuerst New York 2000), München/Berlin 2001. Besonders empfehlenswert ist das Sammelwerk von Romani Rose (Herausgeber): «Den Rauch hatten wir täglich vor Augen». Der nationalsozialistische Völkermord an den Sinti und Roma, Heidelberg 1999. Dieses eindrucksvoll illustrierte Werk ist der Katalog zur ständigen Ausstellung im Dokumentations- und Kulturzentrum Deutscher Sinti und Roma, Bremeneckgasse 2, 69117 Heidelberg, dessen Besuch ich nachdrücklich empfehlen möchte. Es sei in diesem Zusammenhang der Hinweis gestattet, dass die Staatsanwaltschaft Ravensburg im März 2005 das Ermittlungsverfahren gegen einige Bürger des Ortes Berg eingestellt hat, die ihren Fastnachtswagen mit der Aufschrift «Zick Zack Zigeunerpack» versehen hatte («Staatsanwalt stellt Ermittlungsverfahren ein», Schwäbische Zeitung, 22. März 2005).

89 Oskar Schindler, geboren 1908, war ein erfolgreicher Geschäftsmann, der als Lebemann, Spieler und Frauenheld einiges Aufsehen erregte. Im Oktober 1939 hatte er eine leer stehende Emaillefabrik in der Nähe von Krakau erworben und mit dieser ein beachtliches Vermögen erwirtschaftet. Schindler konnte diesen Betrieb tatsachenwidrig als «kriegswichtigen Produktionsbe-

trieb» einstufen lassen, wodurch er viele bei ihm beschäftigte jüdische Häftlinge vor dem sicheren Tod bewahrte. Als die SS im März 1943 das Krakauer Ghetto räumte, konnte Schindler von dem Kommandanten des Zwangsarbeiterlagers Plaszow die Erlaubnis erwirken, bei ihm beschäftigte jüdische Häftlinge in einem eigenen Nebenlager unterzubringen. Als Schindlers Nebenlager im Sommer 1944 wie das gesamte Lager Plaszow den Räumungsbefehl erhielt, beschloss Schindler, mit «seinen» Häftlingen in eine neu zu errichtende Fabrik in Brünnlitz, Bezirk Zwittau, in der Nähe seines mährischen Geburtsortes umzuziehen. Die weiblichen Häftlinge wurden kurzzeitig in Auschwitz untergebracht, aber dann – wie oben beschrieben – nach Brünnlitz weitertransportiert. Nach dem Krieg lebte Schindler bis zu seinem Tod 1974 in der Bundesrepublik, war als Geschäftsmann aber wenig erfolgreich. Einem größeren Personenkreis wurde Schindler erst bekannt durch das Buch «Schindlers Liste» von Thomas Keneally (1982, deutsch München 1983), vor allem aber durch Steven Spielbergs gleichnamigen Film aus dem Jahr 1993, der mit sieben Oscars ausgezeichnet wurde. Zu den von Schindler geretteten Juden gehörte auch Mieczyslaw Pemper – siehe hierzu Mieczyslaw Pemper: Der rettende Weg. Schindlers Liste – die wahre Geschichte, Hamburg 2005.

90 Die beiden Bücher sind 1993, vom Staatlichen Auschwitz-Museum eingeleitet und kommentiert, unter dem Titel «Gedenkbuch. Die Sinti und Roma im Konzentrationslager Auschwitz-Birkenau» veröffentlicht worden (Redaktionsleitung: Jan Parcer).

91 Dies gilt auch für Jochen Zeiler: Psychogramm des Kommandanten von Auschwitz: Erkenntnis und Begegnung durch Zerstörung. Zur Autobiographie des Rudolf Höß. In: Psyche – Zeitschrift für Psychoanalyse und ihre Anwendungen, 45 (1991), S. 335–362.

92 Sybille Steinbacher 2004 (wie Anmerkung 51), S. 35.

93 Aleksander Lasik: Zur Soziologie der SS-Besatzung des Konzentrationslagers Auschwitz, in: Till Bastian und Karl Bonhoeffer (Hrsg.): Thema Erinnern – Medizin und Massenvernichtung, Stuttgart 1992, S. 42.

94 Hierzu sehr erhellend: Die Akte Auschwitz. Schuld ohne Sühne: Warum die letzten SS-Männer davonkommen, in: Der Spiegel, Nr. 35/2014.

95 Ich stütze mich dabei vor allem auf Jürgen Kalthoff und Martin Werner: Die Händler des Zyklon B. Tesch und Stabenow – Eine Firmengeschichte zwischen Hamburg und Auschwitz, Hamburg 1998, sowie auf Achim Trunk: Die tödlichen Gase, in: Morsch und Perz 2011 (wie Anmerkung 23).

96 Berliner Blau ist ein intensiv blaues und lichtechtes Pigment, das wegen dieser Eigenschaften in Anstrichfarben und Druckfarben viel verwendet worden ist. Aus ihm kann man Blausäure gewinnen, die jedoch – wie erwähnt – selber farblos ist.

97 Carl Balthasar Walter Heerdt, geboren 1888 in Frankfurt a.M., war ein Beispiel für jene deutschen Bürger, die das «Dritte Reich» überlebt haben, obschon sie dem Nationalsozialismus kritisch gegenüberstanden. Heerdt studierte Chemie in München und in Gießen, wo er 1911 promovierte. Ab 1920 leitete er die im Vorjahr gegründete Deutsche Gesellschaft für Schädlingsbekämpfung (DEGESCH), in deren Auftrag er 1922 das 1926 patentierte Zyklon B entwickelte (siehe Text). 1925 schied er bei der DEGESCH aus und gründete mit Johann Lingler die Firma HeLi (Heerdt und Lingler), die Produkte der DEGESCH vertrieb (auch Zyklon B) und deren Geschäftsführer er blieb, auch nachdem die DEGESCH 1931 51 Prozent der Geschäftsanteile übernommen hatte. Im Juli 1941 wurde seine Frau von der Gestapo verhaftet, und der Gauwirtschaftsberater der NSDAP in Hessen-Nassau, Karl Eckardt, forderte die Abberufung Heerdts als Geschäftsführer, da man in dessen Familie den «deutschen Gruß» nicht benutze und dem Nationalsozialismus reserviert gegenüberstehe. Heerdt verlor sein Amt, in dem ihm Gerhard Peters nachfolgte, und übersiedelte 1942 nach Nussdorf/Attersee in der «Ostmark» (Österreich). Nach 1945 wurde er wieder zum Geschäftsführer der DEGESCH bestellt, was er auch blieb, bis er am 2. Februar 1957 starb.

98 Heerdt selbst schrieb dazu im Rückblick: «Da wir vom Bottichverfahren unbedingt loskommen wollten, erprobten wir andere Bindungsformen der Blausäure und kamen schließlich auf den Gedanken, die flüssige Blausäure in Kieselgur aufzusaugen und in Blechdosen zu verpacken. So entstand Zyklon B.» Zitiert nach Kalthoff und Maier 1998 (wie Anmerkung 95), S. 56.

99 Brandt wurde im «Nürnberger Ärzteprozess» am 20. August 1947 zum Tode verurteilt und hingerichtet.

100 Carl Clauberg wurde 1898 in Solingen geboren. Seine Familie übersiedelte nach Kiel, wo er 1918 das Medizinstudium begann. Bis 1932 arbeitete er als Assistenzarzt in der Universitätsfrauenklinik. 1932 wechselte er nach Königsberg und habilitierte sich dort. Nach seiner Zeit in Auschwitz führt er auch im KZ Ravensbrück Sterilisierungsexperimente durch. Am 8. Juni 1945 von sowjetischen Soldaten festgenommen, wurde er in der UdSSR 1948 zu 25 Jahren Haft verurteilt. Im Oktober 1955 wird er als «Sonderbegnadigter» in die Bundesrepublik abgeschoben und dort am 21. November 1955 abermals festgenommen. Kurz bevor ein Prozess gegen ihn eröffnet wird, stirbt er am 9. August 1957 in Untersuchungshaft. Eine Tageszeitung kommentierte den nicht zustande gekommenen Strafprozess so: «Es war der Staatsanwaltschaft reichlich schwergefallen, Sachverständige zu finden, die gewillt waren, ihre Gutachten in unmissverständlicher Weise abzugeben» (Frankfurter Rundschau, 13. August 1957).

101 Hellmuth Vetter wurde 1910 in Thüringen geboren; 1914 übersiedelte die Familie nach Frankfurt an Main, wo er Medizin studierte und 1935 promovierte. Bereits 1933 war er Mitglied der SS geworden. Ab 1938 arbeitete er für den Chemiekonzern Bayer/Leverkusen, für den er ab 1941 Sulfonamidpräparate im Konzentrationslager Dachau testete. Im Oktober 1942 nach Auschwitz wurde er versetzt, wo er Fleckfieberpräparate der IG Farben testete. Ab 1944 im KZ Gusen im Lagerkomplex Mauthausen tätig, wurde er ab dem 28. Juli 1947 vor einem US-Militärgericht in Dachau angeklagt, am 12. August 1947 zum Tode verurteilt und am 2. Februar 1949 hingerichtet.

102 Josef Mengele, geboren 1911, stammte aus dem bayerischen Günzburg und konnte sich nach 1945 zunächst ungehindert ebendort dem Wiederaufbau der väterlichen Landmaschinenfabrik Carl Mengele und Söhne widmen, ehe er sich Mitte der Fünfzigerjahre nach Südamerika absetzen, wo er 1979 in Brasilien bei einem Badeunfall starb. Eindrucksvoll hat sich Peter Schneider mit seiner Novelle «Vati» (Frankfurt a. M. 1968) diesem sehr deutschen Thema gewidmet. Zu Mengeles Experimenten siehe auch Lucette Matalon Lagnado und Sheila Cohn Dekel: Die Zwillinge des Dr. Mengele. Der Arzt von Auschwitz und seine Opfer (zuerst New York 1991), Reinbek 1994.

103 Miklos Nyiszli: Im Jenseits der Menschlichkeit. Ein Gerichtsmediziner in Auschwitz, Berlin 1992.

104 Es handelte sich bei dem von Levi beschriebenen Chemiker um Dr. Wilhelm Pannwitz (1907 – 1946), in Monowitz Leiter der Unterabteilung Polymerisation und ab 1945 Leiter des BUNA-Werkes Schkopau (siehe Anmerkung 63). Pannwitz ist 1946 an einem Hirntumor gestorben. Siehe auch Helmut Maier: Chemiker im «Dritten Reich». Die Deutsche Chemische Gesellschaft und der Verein Deutscher Chemiker im NS-Herrschaftsapparat, Heidelberg 2015, S. 554.

105 Primo Levi: Ist das ein Mensch? Erinnerungen an Auschwitz, Frankfurt a. M. 1979, S. 110.

106 Primo Levi 1979, S. 183.

107 Siehe Anmerkung 58.

108 Waclaw Dlugoborski und Franciszek Piper (Hrsg.): Auschwitz 1940–1945. Studien zur Geschichte des Konzentrations- und Vernichtungslagers Auschwitz, 5 Bände, Oswiecim 1995 (Band 1: Aufbau und Struktur des Lagers; Band 2: Die Häftlinge. Existenzbedingungen, Arbeit und Tod; Band 3: Vernichtung; Band 4: Widerstand; Band 5: Epilog).

109 Hefte von Auschwitz, herausgegeben vom Staatlichen Museum Auschwitz-Birkenau (seit 1959), Nummer 1 bis 22 und diverse Sondernummern.

110 Pawel Sawicki und Staatliches Museum Auschwitz-Birkenau (Hrsg.): Auschwitz-Birkenau – The Place Where You Are Standing, Oswiecim 2012.

111 Jean-Clause Pressac: Die Krematorien von Auschwitz. Die Technik des Massenmordes (zuerst Paris 1993), München 1994, S. 2.

112 Die Ablichtung ist übernommen von Czech 1989 (wie Anmerkung 58), S. 397.

113 Ausführlich dokumentiert ist der Prozessablauf in Hermann Langbein: Der Auschwitz-Prozeß. Eine Dokumentation, Zwei Bände, Wien 1965. Einen prägnanten Überblick bieten Gerhard Werle und Thomas Wandres: Auschwitz vor Gericht. Völkermord und bundesdeutsche Strafjustiz. Mit einer Dokumentation des Auschwitz-Urteils, München 1995.

114 Werle und Wandres 1995 (wie Anmerkung 113), S. 216.

115 Josef Klehr, geboren 1904, war als Pfleger in der Heil- und Pflegeanstalt Leubus schon 1932 der NSDAP und der SS beigetreten. Nach Tätigkeiten in Buchenwald und Dachau wurde er 1941 nach Auschwitz abkommandiert. Dort war er zunächst leitender Sanitäter im Häftlingskrankenbau von Auschwitz I, ab Sommer 1943 dann Leiter des Desinfektionskommandos und in beiden Funktionen an einer Fülle von Mordaktionen beteiligt. Nach der Evakuierung von Auschwitz einem SS-Kampverband zugeteilt, geriet er 1945 in amerikanische Kriegsgefangenschaft und wurde wegen SS-Mitgliedschaft zu drei Jahren Arbeitslager verurteilt. 1948 entlassen, lebte er bis zur neuerlichen Verhaftung in Braunschweig, wo er als Tischler arbeitete. Im 1963 begonnenen Frankfurter Auschwitz-Prozess wegen Mordes «in allermindestens 475 Fällen» zu lebenslanger Haft verurteilt, wurde die Strafvollstreckung im Januar 1988 wegen Vollzugsuntauglichkeit ausgesetzt. Am 23. August 1988 ist Klehr verstorben.

116 Werle und Wandres 1995 (wie Anmerkung 113), S. 72.

117 Zitiert nach Schwäbische Zeitung, 24. April 2015.

118 Jürgen Graf, geboren 1951, ist Schweizer. 1993 hat er das Buch «Der Holocaust auf dem Prüfstand. Augenzeugenberichte gegen Naturgesetze» veröffentlicht, in dem der Massenmord in den Gaskammern geleugnet wird. Deswegen wurde der Lehrer Graf fristlos aus dem Schuldienst entlassen. In mehreren Gerichtsverfahren zu Haftstrafen verurteilt, hat er sich der Inhaftierung durch die Flucht zunächst nach Weißrussland, dann nach Russland entzogen. Heute lebt Graf mit seiner Ehefrau in Moskau.

119 Horst Mahler, geboren 1936 und einstmals führendes RAF-Mitglied, hat eine bemerkenswerte Laufbahn vom Links- zum Rechtsradikalen hinter sich. Gemeinsam mit Franz Schönhuber veröffentlichte er 2000 das Buch «Schluß mit dem deutschen Selbsthaß» und trat im selben Jahr der NPD bei, die er vor dem Bundesverfassungsgericht vertrat, als die damalige Bundesregierung erfolglos ein Verbot dieser Partei betrieb. 2003 verließ er die Partei wieder, denn die NPD sei «eine am Parlamentarismus ausgerichtete

Partei, deshalb unzeitgemäß und – wie das parlamentarische System selbst – zum Untergang verurteilt». Im Februar 2004 vor dem Landgericht Berlin wegen Volksverhetzung angeklagt, drohte er Staatsanwalt, Richtern und Schöffen mit der Todesstrafe nach dem Reichsstrafgesetzbuch. Er wurde in diesen und mehreren späteren Verfahren (zuletzt durch das Landgericht München II am 25. Februar 2009) zu einer Haftstrafe von insgesamt zwölf Jahren verurteilt, in München noch im Gerichtssaal verhaftet und, seither in der Justizvollzugsanstalt Brandenburg/Havel inhaftiert.

120 Trotz der gegen ihn eingeleiteten juristischen Maßnahmen gelang es Christophersen, etwa 100 000 Exemplare seiner Schrift zu verbreiten. 1986 abermals verurteilt, floh er nach Dänemark, das ihn nicht an die Bundesrepublik auslieferte, und ließ sich dort bei Kollund nieder. Wiederholte friedliche Demonstrationen vor seinem dortigen Haus vertrieben ihn von diesem Anwesen. Er reiste über verschiedene Länder in die Schweiz, die ihn 1995 des Landes verwies. Wieder nach Deutschland zurückgekehrt, galt er dort als haftunfähig und starb am 13. Februar 1997 in der Nähe von Kiel. Die Leitung seiner Zeitschrift «Die Bauernschaft» hatte er schon 1986 an Ernst Zündel übergeben.

121 Wilhelm Stäglich, geboren 1916, war im Zweiten Weltkrieg Offizier der Luftwaffe, später Richter am Finanzgericht Hamburg. 1974 wurde er wegen Mitgliedschaft in der NPD und wegen vielfacher Veröffentlichungen in rechtsextremen Publikationen in den vorzeitigen Ruhestand versetzt. Fünf Jahr später, 1979, erschien im Tübinger Grabert-Verlag sein oben erwähntes Buch «Der Auschwitz-Mythos – Legende oder Wirklichkeit». 1997 trat Stäglich zusammen mit Jürgen Rieger auf einer Gedenkveranstaltung für den im Februar gestorbenen Altnazi Thies Christophersen als Redner auf. Am 5. April 2006 ist Stäglich verstorben.

122 Daher die Kennzeichnung als «revisionistisch» (von lateinisch «Re-Vision», neue Betrachtung).

123 Udo Walendy, geboren 1927, studierte 1950 bis 1965 Politikwissenschaft und arbeitete danach unter anderem als Leiter der Herforder Volkshochschule. 1965 machte er sich selbstständig und gründete den oben erwähnten rechtsradikalen «Verlag für Volkstum und Zeitgeschichtsforschung». 1996 und 1997 wurde er zu mehrmonatigen Haftstrafen verurteilt, seinen Verlag hat er deshalb 1999 auf seine Ehefrau übertragen.

124 1990 leitete das Massachusetts Board of Registration of Engineers ein Verfahren gegen Leuchter wegen unberechtigten Führens des Ingenieurstitels ein, worauf Leuchter mit einer schriftlichen Erklärung reagierte, in der er zugab, niemals Ingenieur im Sinne der rechtlich geschützten Bedeutung dieses Titels gewesen zu sein.

125 George Wellers: Der «Leuchter-Bericht» über die Gaskammern von Auschwitz – Revisionistische Propaganda und Leugnung der Wahrheit, in: Dachauer Hefte, Nr. 7, November 1991, S. 231.

126 Gründliche Widerlegungen des Leuchter- und des Rudolf-Reportes sind: Werner Wegner: Keine Massenvergasungen in Auschwitz? Zur Kritik des Leuchter-Gutachtens, in: Uwe Backes und andere (Hrsg.): Die Schatten der Vergangenheit. Impulse zur Historisierung des Nationalsozialismus, Frankfurt a. M./Berlin 1990;
George Wellers: Der «Leuchter-Bericht» über die Gaskammern von Auschwitz (wie Anmerkung 125);
Josef Bailer: Die «Revisionisten» und die Chemie, in: Brigitte Bailer-Galanda u. a. (Hrsg.): Die Auschwitz-Leugner. «Revisionistische» Geschichtslüge und historische Wahrheit, Berlin 1996;
Armin Trunk: Die tödlichen Gase (wie Anmerkung 95).

127 Siehe Anmerkung 123.

128 Günter Deckert, geboren 1940, seit 1966 NPD-Mitglied, war Gymnasiallehrer in Heidelberg und Ladenburg, bis er 1988 nach einem dritten Disziplinarverfahren aus dem Schuldienst entlassen wurde. 1991 bis 1996 Bundesvorsitzender der NPD, wurde er im April 1995 vom Landgericht Karlsruhe wegen Volksverhetzung und Aufstachelung zum Rassenhass zu zwei Jahren Freiheitsstrafe verurteilt und wegen anderer, zusätzlicher Verurteilungen bis zum 25. Oktober 2000 in der Justizvollzugsanstalt Bruchsal inhaftiert. 2005 wegen «nichtdemokratischen Führungsstils» aller Ämter in der NPD enthoben und 2007 aus der Partei ausgeschlossen, wurde er am 2. Februar 2012 vom Landgericht Mannheim wegen Volksverhetzung nochmals zu sechs Monaten Freiheitsstrafe verurteilt; diese Strafe büßte er bis zum 31. Mai 2013 in der JVA Mannheim ab.

129 Sylvia Stolz, geboren 1963, war 2006 Wahlverteidigerin des Angeklagten Ernst Zündel in dessen Gerichtsverfahren 2006 und wurde, nachdem sie den beiden Schöffen im Falle einer Verurteilung des Angeklagten mit Todesstrafe wegen «Feindbegünstigung» gedroht hatte, vom Prozess ausgeschlossen. 2009 vom Landgericht Mannheim zu drei Jahren und drei Monaten Haft verurteilt, nachdem bereits im Vorjahr ein fünfjähriges Berufsverbot gegen sie verhängt worden war, verbüßte sie ihre Haftstrafe bis April 2011. Wegen erneuter Leugnung des Holocaust bei einer Veranstaltung in Chur im November 2012 wurde sie vom Landgericht München am 25. Februar 2015 erneut zu einer Haftstrafe verurteilt; das Urteil war bei der Niederschrift dieses Textes noch nicht rechtskräftig.

130 Jürgen Rieger, geboren 1946, studierte Jura und eröffnete 1975 eine Rechtsanwaltskanzlei. Als Anwalt beim Hanseatischen Oberlandesgericht zugelas-

sen, vertrat er zahlreiche Rechtsradikale und Holocaustleugner vor Gericht, so Thies Christophersen, Ernst Zündel und Horst Mahler. Der NPD stand Rieger lange eher ablehnend gegenüber, da sie ihm als zu gemäßigt galt. Erst 2006 trat er der Partei bei und wurde 2008 zum stellvertretenden Bundesvorsitzenden gewählt. Auf einer Sitzung des Parteivorstandes erlitt er am 24. Oktober 2009 einen Schlaganfall, an dessen Folgen er am 29. Oktober starb.

131 Zu diesem Gebäude und seiner Nutzung siehe Teresa Swiebocka (Hrsg.): Architektur des Verbrechens. Das Gebäude der ‹Zentralen Sauna› im Konzentrationslager Auschwitz II-Birkenau, Staatliches Museum Auschwitz-Birkenau, Oswiecim 2001.

132 Siehe Anmerkung 115.

133 Die Befreier von Auschwitz fanden im Januar 1945 in den dortigen Magazinen 293 Säcke mit insgesamt 7000 Kilogramm von den Deutschen gesammelter Frauenhaare.

134 Das Gutachten ist abgedruckt in: Bailer-Galanda u. a. (Hrsg.), Berlin 1996 (wie Anmerkung 126).

135 Jan Markiewicz u. a.: A Study of the Cyanid Compounds Content in the Walls of the Gas Chambers in the Former Auschwitz & Birkenau Concentration Camps, in: Z Zagadnien Nauk Sadowych 30, 1994, S. 17–27.

136 Vergleiche hierzu Götz Bergander: Dresden im Luftkrieg, Würzburg 1998.

137 Deborah Lipstadt: Betrifft: Leugnen des Holocaust (zuerst New York 1993), Zürich 1994.

138 Zur raschen Orientierung am besten geeignet ist Don D. Guttenplan: Der Holocaust-Prozess. Die Hintergründe der «Auschwitz-Lüge» (zuerst London 2001), München 2001.

139 Dieses Abrücken Irvings von Leuchter ist eindrucksvoll geschildert bei Don D. Guttenplan 2001 (wie Anmerkung 138), S. 185 ff.

140 Der 1988 und nochmals 2015 von der römisch-katholischen Kirche exkommunizierte Williamson wurde wegen seiner Äußerungen im schwedischen Fernsehen vom Amtsgericht Regensburg im Jahr 2012 zu einer Geldstrafe von 1800 Euro verurteilt. Durch Entscheid des Oberlandesgerichts Nürnberg wurde dieses erstaunlich milde Urteil 2014 rechtskräftig.

141 Dies geht aus Irvings Tagebuch hervor, das er bei seinem Prozess gegen Deborah Lipstadt deren Anwälten zugänglich machen musste; siehe hierzu Guttenplan 2001 (wie Anmerkung 138), S. 72.

142 Hierzu gehören etwa die «Geschichte der Deutschen» des rechtsradikalen Historikers Hellmut Diwald (1924–1993), die 1978 im renommierten Propyläen-Verlag erschienen ist, und der als Band 9 der «Propyläen-Geschichte Deutschlands» geplante Band «Der Weg in den Abgrund» des Göttinger

Studienrats Karlheinz Weißmann, der 1995 erschienen ist (hierfür war der damalige Cheflektor Rainer Zitelmann verantwortlich), aber vom Verlag ein Jahr später wieder aus dem Markt genommen wurde, nachdem der Herausgeber der Gesamtreihe und die Verfasser der ersten acht Bände gegen das Buch öffentlich protestiert hatten. Siehe hierzu «Nicht ableugnen, aber verharmlosen. Die Entsorgung der nationalsozialistischen Verbrechen durch die neue ‹Unbefangenheit›», Süddeutsche Zeitung, 20. Dezember 1995.

143 Dieser 1986 begonnene sogenannte Historikerstreit entzündete sich vor allem an der Frage, ob die Gräuel der Nationalsozialisten «singulär» seien oder ob es erlaubt sein könnte, sie durch den Hinweis auf andere Untaten in der an Verbrechen ja nicht eben armen Menschheitsgeschichte zu relativieren (zu dieser Frage siehe auch den dritten Teil des vorliegenden Buches!). Der Historiker Ernst Nolte hatte in diesem relativierenden Sinn schon 1974 von der «Pluralität der Hitlerzeit» gesprochen – seiner Auffassung nach «hat jeder bedeutende Staat der Gegenwart, der sich ein außerordentliches Ziel setzte, seine Hitlerzeit mit ihren Ungeheuerlichkeiten und Opfern gehabt». Zu diesen «Hitlerzeiten» rechnete Nolte Stalinismus und Maoismus ebenso wie die Herrschaftsjahre Nassers in Ägypten und Sukarnos in Indonesien. Ein Sturm der Entrüstung blieb in der Bundesrepublik zunächst aus (in Übersee allerdings empörte sich der renommierte Historiker Peter Gay, 1923 als Peter Fröhlich in Berlin geboren, über diese «Trivialisierung durch Vergleich»...) – Unruhe entstand erst, als Nolte in einem Artikel (?) in der Frankfurter Allgemeinen Zeitung vom 6. Juni 1986 das Wort von der «asiatischen Tat» prägte und polemisch fragte: «Vollbrachten die Nationalsozialisten, vollbrachte Hitler eine ‹asiatische Tat› vielleicht nur deshalb, weil sie sich und ihresgleichen als potentielle oder wirkliche Opfer einer ‹asiatischen Tat› betrachteten? War nicht der ‹Archipel Gulag› ursprünglicher als Auschwitz?» In der nun anbrechenden Diskussion erwies sich die Position Noltes freilich zunehmend als isoliert – die große Mehrheit der deutschen Historiker wollte seinen kruden Thesen nicht folgen. Hierüber informieren ausführlich Hans-Ulrich Wehler: Entsorgung der deutschen Vergangenheit? Ein polemischer Essay zum Historikerstreit, München 1988 (dort auch die obigen Zitate), und Wolfgang Wippermann: Wessen Schuld? Vom Historikerstreit zur Goldhagen-Kontroverse, Berlin 1997, sowie Mathias Brodkorb (Hrsg.): Ernst Nolte, Jürgen Habermas und 25 Jahre Historikerstreit, Banzkow 2011. Als im Jahr 2000 dann die erzkonservative Deutschland-Stiftung Ernst Nolte mit dem Konrad-Adenauer-Preis ehren wollte, gab sich ausgerechnet der Direktor des ehedem sehr renommierten Münchner Institutes für Zeitgeschichte, Horst Möller, dafür her, die Laudatio auf Nolte zu halten, womit er der eigenen Institution ei-

nen Bärendienst erwies: «Mit seiner Laudatio auf Ernst Nolte hat Horst Möller dem Münchner Institut für Zeitgeschichte schweren Schaden zugefügt», kommentierte Volker Ullrich, selbst anerkannter Historiker, in der ZEIT («Ein Institut im Zwielicht», Die ZEIT, 21. Juni 2000).

144 Frankfurter Rundschau, 30. April 1992.

145 Zitiert nach Hans-Ulrich Wehler 1988 (wie Anmerkung 143), S. 103.

146 Siehe hierzu das hervorragende, zutiefst erschütternde Buch von Adam Hochschild: Schatten über dem Kongo. Die Geschichte eines der großen, fast vergessenen Menschheitsverbrechen (zuerst Boston/New York 1998), Stuttgart 2000. Über Conan Doyle ebenda, S. 382 f., das Zitat auf S. 383.

147 Siehe hierzu Rolf Hosfeld: Tod in der Wüste. Der Völkermord an den Armeniern, München 2015.

148 Sigmund Freud: Wir und der Tod (1915). Neudruck: Psyche – Zeitschrift für Psychoanalyse und ihre Anwendungen, 45 (1991), S. 132–142, das obige Zitat auf S. 136. Zu diesem Thema siehe auch Bernd Nitzschke: «Wir und der Tod» – hundert Jahre später. Ein Nachtrag zu einem Vortrag Sigmund Freuds aus dem Ersten Weltkrieg, in: Helmwart Hierdeis (Hrsg.): Wie hältst du's mit dem Tod? Erfahrungen und Reflexionen in der Psychoanalyse, Göttingen 2014.

149 Siehe hierzu Harrison E. Salisbury: 900 Tage. Die Belagerung von Leningrad, Frankfurt a.M. 1989, sowie: Blockade. Leningrad 1941–1944. Dokumente und Essays von Russen und Deutschen, Reinbek 1992.

150 Siehe oben, Anmerkung 31.

151 In der Patentanmeldung vom 5. November 1942 mit der Kennziffer T 58 240 Kl 24 d heiß es wörtlich: «In den durch den Krieg und seine Folgen bedingten Sammellagern der besetzten Ostgebiete mit ihrer unvermeidbar hohen Sterblichkeit ist die Erdbestattung der großen Menge verstorbener Lagerinsassen nicht durchführbar. Einerseits aus Mangel an Platz und Personal, andererseits wegen der Gefahr, die der näheren und weiteren Umgebung durch die Erdbestattung der vielfach an Infektionskrankheiten Gestorbenen unmittelbar und mittelbar droht. Es besteht daher der Zwang, die ständig anfallende große Zahl von Leichen durch Einäscherung schnell, sicher und hygienisch einwandfrei zu beseitigen.» Am 3. Januar 1953 wurde vom Bundespatentamt die Patentschrift Nr. 861731 (Klasse 24d) über «Verfahren und Vorrichtung zur Verbrennung von Leichen, Kadavern und Teilen davon» an die Firma J.A. Topf und Söhne, Wiesbaden (früher Erfurt) erteilt.

152 Die Welt, 12. August 1999.

153 Till Bastian: Das Jahrhundert des Todes. Zur Psychologie von Gewaltbereitschaft und Massenmord im 20. Jahrhundert, Göttingen 2000.

154 Allerdings habe ich erst vor Kurzem – und zu meinem nicht geringen Entsetzen – in einem Fernsehfilm des Südwestrundfunks, der die Zustände in deutscher Abschiebehaft zum Gegenstand hatte, einen Beamten eines baden-württembergischen Ausländeramtes sagen höre, ob er nun eine Baugenehmigung zu erteilen habe oder eine Abschiebung durchzuführen, sei für ihn im Grunde dasselbe: Im einen wie im anderen Fall handle es sich um einen Verwaltungsakt, der eben auszuführen sei …

155 Ausführliche Belege dazu bei Bastian 2000 (wie Anmerkung 153).

156 Bertrand Russell: Die geistigen Väter des Faschismus (1935) in: derselbe: Philosophische und politische Aufsätze, Stuttgart 1971, S. 127.

157 Im Original: «… habent sua fata libelli».

158 Die vier Wissenschaftler, die in Remers Gegenerklärung gegen meinen Artikel Stellung genommen hatten, waren der Diplom-Ingenieur H.K. Westphal, der Jurist Dr. W. Kretschmer, der Historiker Dr. Ch. Konrad und der Chemiker und Pharmakologe Dr. Dr. R. Scholz.

159 Die Reaktion der Fachwissenschaftler war freilich wenig freundlich – vielleicht, weil sie sich auf eigene Versäumnisse hingewiesen fühlten? Besonders negative Rezensionen meines Buches hatten Götz Aly und Werner Renz veröffentlicht.

Literaturtipps zum Weiterlesen

In den Anmerkungen zu diesem Buch finden sich ab Seite 107 zahlreiche Hinweise auf weiterführende Veröffentlichungen.

Die nachstehende Liste soll – ohne jeden Anspruch auf Vollständigkeit oder Repräsentativität! – noch einige andere wichtige Werke nennen, die für Leserinnen und Leser wertvolle zusätzliche Informationen liefern können:

Antisemitismus und Nationalsozialismus:

Wolfgang Benz: Antisemitismus – Präsenz und Tradition eines Ressentiments, Schwalbach 2015

Dietz Bering: Der Name als Stigma. Antisemitismus im deutschen Alltag 1812–1933, Stuttgart 1987

Deutsches Historisches Museum Berlin: Hitler und die Deutschen. Volksgemeinschaft und Verbrechen, Berlin 2010

Eva Fogelman: Wir waren keine Helden. Lebensretter im Angesicht des Holocaust – Motive, Geschichten, Hintergründe, Frankfurt a. M. – New York 1995

Hermann Glaser: Wie Hitler den deutschen Geist zerstörte. Kulturpolitik im Dritten Reich, Hamburg 2005

Burkhard Jellonek: Homosexuelle unter dem Hakenkreuz. Die Verfolgung von Homosexuellen im Dritten Reich, Paderborn 1990

Historisches Museum Berlin: Hitler und die Deutschen. Volksgemeinschaft und Verbrechen, Berlin 2010

Eva Fogelman: Wir waren keine Helden. Lebensretter im Angesicht des Holocaust – Motive, Geschichten, Hintergründe, Frankfurt a. M. – New York 1995

Hans Mommsen: Das NS-Regime und die Auslöschung des Judentums in Europa. Göttingen 2014

Auschwitz:

Hans Günther Adler u. a. (Hrsg.): Auschwitz. Zeugnisse und Berichte, Köln – Frankfurt a. M. 1984

Knut Dethlefsen und Thomas B. Hebler (Hrsg.): Bilder im Kopf. Auschwitz / Oswiecim – Gesichter eines Ortes, Berlin 1996

Fania Fénelon: Das Mädchenorchester von Auschwitz, München 2005

Gideon Greif: «Wir weinten tränenlos. . . » Augenzeugenberichte des jüdischen «Sonderkommandos» in Auschwitz, Frankfurt a. M. 1999

Gideon Greif, Itamar Levin: Aufstand in Auschwitz. Die Revolte des jüdischen Sonderkommandos am 7. Oktober 1944, Köln-Weimar-Wien 2015

Wieslaw Kislar: Anus mundi. Fünf Jahre Auschwitz, Frankfurt a. M. 1982

Ruth Klüger: weiter leben. Eine Jugend, Göttingen 1992

Ernest Koenig: Im Vorhof der Vernichtung. Als Zwangsarbeiter in den Außenlagern von Auschwitz, Frankfurt a. M. 2000

Hermann Langbein: Menschen in Auschwitz, Wien 1995

Hanno Loewy (Hrsg.): Holocaust – die Grenzen des Verstehens. Eine Debatte über die Besetzung der Geschichte, Reinbek 1992

Alwin Meyer: Die Kinder von Auschwitz, Göttingen 1995

Rechtsextremismus:

Wolfgang Benz (Herausgeber): Rechtsextremismus in der Bundesrepublik. Voraussetzungen, Zusammenhänge, Wirkungen. Frankfurt a. M. 1994

Wolfgang Benz: Auf dem Weg zum Bürgerkrieg? Rechtsextremismus und Gewalt gegen Fremde in Deutschland, Frankfurt a. M. 2002

Hans-Gerd Jaschke: Rechtsextremismus und Fremdenfeindlichkeit. Begriffe, Positionen, Praxisfelder, Opladen 2002

Andrea Röpke und Andreas Spait: Blut und Ehre. Geschichte und Gegenwart rechter Gewalt in Deutschland, Berlin 2013

Samuel Salzborn: Rechtsextremismus – Erscheinungsformen und Erklärungsansätze, Stuttgart 2014

Personenregister

Bildnachweis

Seite 14	Foto von Wilhelm Weiler, Stadtarchiv München
Seite 17	Auschwitzmuseum Oświęcim
Seite 21	Auschwitzmuseum Oświęcim
Seite 32/33	Karte von © Jürgen Pieplow
Seite 38/39	Karte von © Jürgen Pieplow
Seite 43	United States Holocaust Memorial Museum
Seite 44/45	Bearbeitung von © Piotr Setkiewicz, Graphische Darstellung: © Pavel Warch
Seite 47	Auschwitzmuseum Oświęcim
Seite 53	Państwowe Muzeum Auschwitz-Birkenau, Oświęcim
Seite 62	APMO, Neg. Nr. 1193
Seite 65	Auschwitzmuseum Oświęcim
Seite 67	United States Holocaust Memorial Museum
Seite 71	Auschwitzmuseum Oświęcim
Seite 79 oben	Auschwitzmuseum Oświęcim
Seite 79 unten	Auschwitzmuseum Oświęcim
Seite 85	Auschwitzmuseum Oświęcim
Umschlaginnenseite hinten	Karte von © Bruno Schachtner

Nerdinger Winfried (u. a.)

München und der Nationalsozialismus

Katalog des NS-Dokumentationszentrums München

2., durchgesehene Auflage. 2015.

624 Seiten mit 850 teils farbigen Abbildungen. Leinen

Ab Mai 2015 ist das NS-Dokumentationszentrum München am Königsplatz, dort, wo das «Braune Haus», die Parteizentrale der NSDAP, stand, geöffnet. Der Katalog umfasst die Texte und Bilder der Dauerausstellung sowie 23 begleitende Aufsätze von renommierten Historikern. Damit ist er zugleich eine illustrierte Geschichte des Dritten Reiches auf dem neuesten Forschungsstand. München ist wie keine andere Stadt mit dem Aufstieg des Nationalsozialismus verbunden. Aus den antisemitischen und rechtsextremen Kreisen Münchens ging nach dem Ersten Weltkrieg die NSDAP hervor, deren Leitfigur Adolf Hitler wurde. Hier versuchte er 1923 durch einen Putsch an die Macht zu gelangen. Hier entstand nach der Machtübernahme ein Parteiviertel, in dem bis 1945 etwa 6000 Menschen den Apparat der NSDAP organisierten, und hier befand sich das kultische Zentrum der Partei. Mit der Eröffnung des nahe gelegenen Konzentrationslagers in Dachau spielte die «Hauptstadt der Bewegung» zudem eine Vorreiterrolle bei der Errichtung der Gewaltherrschaft. Die Dauerausstellung des NS-Dokumentationszentrums zeigt anhand zahlreicher neuer Materialien die Geschichte des Nationalsozialismus in München, die besondere Rolle der Stadt im Terrorsystem und den schwierigen Umgang mit dieser Vergangenheit seit 1945.

Winfried Nerdinger ist Gründungsdirektor des NS-Dokumentationszentrums München

Verlag C.H.Beck München

Till Bastian
Furchtbare Ärzte
Medizinische Verbrechen im Dritten Reich
3. Auflage. 2001. 126 Seiten mit 7 Abbildungen. Paperback
Beck'sche Reihe Band 1113

Till Bastian
Sinti und Roma im Dritten Reich
Geschichte einer Verfolgung
2001. 96 Seiten mit 2 Abbildungen und 2 Karten. Paperback
Beck'sche Reihe Band 1425

Wolfgang Benz
Die 101 wichtigsten Fragen - Das Dritte Reich
3. Auflage. 2013. 144 Seiten. Paperback
Beck'sche Reihe Band 1701

Wolfgang Benz
Der deutsche Widerstand gegen Hitler
2014. 127 Seiten. Broschiert
Beck'sche Reihe Band 2798

Wolfgang Benz
Der Holocaust
8. Auflage. 2014. 127 Seiten. Broschiert
Beck'sche Reihe Band 2022

Verlag C.H.Beck München

Norbert Frei, Johannes Schmitz
Journalismus im Dritten Reich
5. Auflage. 2014. 229 Seiten. Broschiert
Beck Paperback Band 376

Bastian Hein
Die SS
Geschichte und Verbrechen
2015. 127 Seiten mit 10 Abbildungen. Broschiert
Beck'sche Reihe Band 2841

Sybille Steinbacher
Auschwitz
Geschichte und Nachgeschichte
3., durchgesehene Auflage. 2015. 128 Seiten mit 1 Abbildung und 5 Karten und Plänen. Broschiert
Beck'sche Reihe Band 2333

Annette Weinke
Die Nürnberger Prozesse
2., durchgesehene Auflage. 2015. 128 Seiten. Broschiert
Beck'sche Reihe Band 2404

Irmtrud Wojak
Entnazifizierung
Geschichte und Interessen
2016. ca. 128 Seiten. Broschiert
Beck'sche Reihe Band 2837

Verlag C.H.Beck München